LITERATURSTUDIUM

Hartwig Schultz

Clemens Brentano

Philipp Reclam jun.
Stuttgart

Mit 20 Abbildungen

Die Deutsche Bibliothek – CIP-Einheitsaufnahme

Schultz, Hartwig:
Clemens Brentano / Hartwig Schultz. – Stuttgart :
Reclam, 1999
(Universal-Bibliothek ; Nr. 17614 : Literaturstudium)
ISBN 3-15-017614-X

Universal-Bibliothek Nr. 17614

Gesamtherstellung: Reclam, Ditzingen. Printed in Germany 1999
RECLAM und UNIVERSAL-BIBLIOTHEK sind eingetragene Marken
der Philipp Reclam jun. GmbH & Co., Stuttgart
ISBN 3-15-017614-X

Inhalt

Vorwort

Die Brentano-Forschung nach dem Zweiten Weltkrieg wurde von der Hoffnung getragen, einen »neuen Brentano« zu entdecken. Insbesondere durch den Nachweis von »Kontinuität« im Leben und Werk des romantischen Dichters erhoffte man eine Überwindung der einseitigen Forschungsperspektiven, die Brentano teils als genialen Frühromantiker darstellten, der mit der Generalbeichte seine kreativen Fähigkeiten verloren hatte, teils als katholischen Erbauungsschriftsteller sahen, dessen »heidnische« Frühwerke zu vernachlässigen waren.

Die Hoffnungen waren eng mit der Entstehung der historisch-kritischen Brentano-Ausgabe verknüpft. Endlich sollte das Werk, das zuvor durch den einseitigen Blickwinkel entstellt und verkürzt ediert worden war, wissenschaftlich aufgearbeitet als Ganzes verfügbar werden und den Blick auf den »ganzen« Brentano eröffnen.

Die gewünschte Wirkung stellte sich nur zum Teil ein: Die Publikation der religiösen Werke, z. B. der fragmentarisch überlieferten, zuvor unveröffentlichten Emmerick-Biographie, der Leidensgeschichte Jesu und der Ordensgeschichte der Barmherzigen Schwestern, brachten keinen »neuen«, bis dato unbekannten Dichter an den Tag. Wohl sind Elemente der Kontinuität – was einzelne Motive, dichterische Mittel und auch Grundpositionen seines Denkens und Fühlens betrifft – nicht zu leugnen, aber es gelang nicht, die religiösen Prosawerke als ästhetisch herausragende Werke in den Kanon der deutschen Literatur des 19. Jahrhunderts zu integrieren. Übrig blieb so etwas wie eine historische Rechtfertigung und Einbindung dieses Werkes in einen allgemeinen Trend. Brentanos Werke der zweiten Lebensphase wurden als Beispiele für »Zweckliteratur«

gedeutet, ein neu entdeckter Bereich von Lyrik dieser Spätphase als »private Dichtung« davon abgespalten. Mit der Absage an die Autonomie-Ästhetik unterlag Brentanos Dichtung damit der gleichen Entwicklung wie die politische und journalistische »Tendenz«-Dichtung der Zeit.

Allein Teilbereiche der Lyrik (die erst nach dem Kriege entdeckte Linder-Lyrik) und einzelne Spätfassungen der Märchen und Erzählungen zeigen – wie dargelegt werden konnte – annähernd den hohen Standard artistischen Vermögens, den Brentano bereits bei den lyrischen Einlagen des frühromantischen Romans *Godwi* zur Jahrhundertwende erreicht hatte.

Neue Forschungsansätze, die zeigen, daß Brentanos Werk interpretatorisch noch keineswegs erschlossen ist, galten denn auch weniger der Emmerick-Literatur als den Gedichten, Erzählungen, Märchen, Romanzen und Briefen. Große Bereiche dieses Œuvres sind in der historisch-kritischen Ausgabe inzwischen erschlossen.

Das vorliegende Bändchen versucht, den Weg zu diesen Texten für Interessenten in Schule und Universität zu ebnen. Nicht ein bestimmtes Bild Brentanos soll vermittelt, sondern der Zugang zum überlieferten, durchaus heterogenen Material ermöglicht werden. Denn immer noch bleibt die Hoffnung, daß Brentano nicht der Dichter der »happy few« in der Romantikforschung bleiben muß.

Das Adjektiv »romantisch« hat sich – im Gegensatz zu allen anderen Epochenbezeichnungen – in ganz Europa zu einer Vokabel des alltäglichen Umgangs entwickelt. Dabei ist den heutigen Menschen, die von einem »romantischen Abend«, einer »romantischen Liebe« oder einem »romantischen Buch« sprechen, in der Regel nicht bewußt, daß dieses »romantische« Fühlen und Denken auf eine bestimmte Epoche der deutschen Geistesgeschichte zurückweist. Brentano gilt sogar als Prototyp des Dichters aus dem Zeitalter der Romantik. Er hat sich wie kein anderer Dichter dieser Epoche darum bemüht, sein Leben im Sinne romantischer

Ideen radikal zu »poetisieren«. Sicher ist das, was von ihm gelebt wurde, nicht unbedingt mit dem identisch, was wir umgangssprachlich als »romantisch« bezeichnen, doch sind die Verwandtschaften und Überschneidungen der Begriffe aus Literaturwissenschaft und heutigem Umgangsdeutsch nicht zu leugnen, und das Studium von Werk und Leben Clemens Brentanos fordert den Vergleich geradezu heraus. Zugleich zeigt es die Gefahren romantischen Denkens und Fühlens, denn das, was heute oft mit der Bezeichnung »romantisch« verbunden wird, erreichte Brentano nie. Er war nie »glücklich«, in sich ruhend, immun gegen die von Rationalismus beherrschte Welt. Als »zerrissener«, von Widersprüchen und Ängsten gezeichneter Mensch ist er zugleich Prototyp des »modernen« Menschen, der »romantische« Harmonie immer erstrebt, aber nie erreicht. So bleibt sein Werk eine Entdeckungsreise wert, und das vorliegende Buch kann dabei nicht mehr als ein »Reiseführer« sein.

Haus zum Goldenen Kopf, Handelshaus der Frankfurter Brentanos in der Großen Sandgasse

Kolorierter Holzstich (19. Jahrhundert)

Biographisches

Kindheit und Jugend

»Zum Kaufmann taugst du nichts …«, mußten die Brüder und Stiefbrüder feststellen, nachdem viele Versuche fehlgeschlagen waren, den jungen Clemens Brentano für die Familienfirma im Frankfurter »Haus zum Goldenen Kopf« ausbilden zu lassen, die mit Im- und Export von Südfrüchten und Gewürzen sehr einträgliche Geschäfte machte. Sowohl im väterlichen Kontor in der Sandgasse wie auch bei Verwandten und Geschäftsfreunden war der Junge früh als extravagant aufgefallen. Von einem Auftritt im »papageigrünen Rock, der Scharlachweste und den pfirsichblütfarbenen Pantalons eigener Erfindung« und originellen Eintragungen in Rechnungsbüchern wird berichtet. Alle Versuche, ihn zum Abschluß einer kaufmännischen Lehre oder eines Studiums zu bewegen und damit in das großbürgerliche Leben der angesehenen Frankfurter Patrizierfamilie zu integrieren, scheiterten. Ob dabei das Erbe von Großmutter Sophie von La Roche (der bedeutenden deutschen Schriftstellerin und Freundin Wielands) oder die Mischung von deutscher und italienischer Herkunft eine Rolle spielt, wird sich kaum entscheiden lassen. Jedenfalls fehlte es dem jungen Clemens (wie auch der in seiner Jugendzeit mit ihm eng verbündeten jüngeren Schwester Bettine) an jenem kommerziellen Geist, den die Brentanos vom Comer See mitbrachten. Sie stammten aus dem alten Handelsgeschlecht Brentano di Tremezzo, das seit Ende des 17. Jahrhunderts (neben Filialen in Bingen, Amsterdam und London) auch eine Frankfurter Niederlassung unterhielt. Unter der Leitung von Clemens' noch in Italien gebürtigem Vater Pietro

Maximiliane Brentano, geb. von La Roche (1756–93),
Mutter Clemens Brentanos
Pastell eines unbekannten Künstlers

Antonio (eingedeutscht: Peter Anton; 1735–97) wurde die Frankfurter Filiale im letzten Drittel des 18. Jahrhunderts selbständig und betrieb die prosperierende Großhandlung unweit von Goethes Geburtshaus in der Großen Sandgasse. Ladengeschäfte waren den Ausländern in der im übrigen sehr liberalen Freien Stadt zunächst untersagt.

Drei Ehen ging der Italiener ein. Von den zwanzig ihm geborenen Nachkommen gehören zwölf (darunter Clemens, geb. 9. September 1778, und Bettine, geb. 4. April 1785) zur »mittleren« Ehe mit Maximiliane (1756–93), der Tochter von Sophie von La Roche. Goethe hatte die »Maxe« noch vor ihrer Ehe (nach seiner Zeit als Volontär

Peter Anton Brentano (1735–97), Vater Clemens Brentanos
Pastell eines unbekannten Künstlers

am Reichskammergericht in Wetzlar) näher kennengelernt und »verewigte« ihre dunklen Augen in der Lotte seines *Werther*-Romans (die im übrigen nach dem Vorbild der Lotte Buff gestaltet ist). Das Bild des italienischen Handelshauses und seines Hausherrn, das Goethe in *Dichtung und Wahrheit* später entwarf, fiel – eifersuchtsgeprägt – düster aus. In Wahrheit wuchsen die Brentano-Kinder in einem großzügigen Ambiente auf und wurden von der Haushälterin Claudine Piautaz (Clemens widmete ihr einige frühe Dichtungen), der Dienerschaft und weiteren Angestellten des Hauses (wie dem als Buchhalter tätigen »Märchenerzähler« Schwaab aus Miltenberg) vorzüglich betreut. Das zweistöckige Stadthaus mit Hof, einer zweiten Fassade in der Rittergasse und großer Speicherkapazität[1] war ein Kinderparadies, ein phantastisches »Ländchen Vaduz«, wie es Brentano später in der *Zueignung* zum *Gockel*-Märchen beschreibt.

Die paradiesische Situation für die Kinder änderte sich erst, als Clemens (vermutlich zur Entlastung der überforderten Mutter) 1784 (und erneut im Herbst 1787) zur Tante Möhn in »strenge unmütterliche Zucht« nach Koblenz geschickt wurde. Auch mit zwei Internaten (Heidelberg, Frühjahr 1787, und Mannheim, 1791–93) machte er Bekanntschaft.

Kurz nach seiner Rückkehr aus Mannheim starb 1793 seine Mutter, was dem sensiblen Fünfzehnjährigen einen nachhaltigen Schock versetzte. Im »steinernen Bild der Mutter« des Romans *Godwi* (1801) setzte er ihr ein Denkmal. Sowohl in diesem Roman wie in den autobiographischen Einleitungsterzinen der *Romanzen vom Rosenkranz* (FBA 10,1–15) schildert er seine enge emotionale Bindung an die Mutter und das eher distanzierte Verhältnis zum Vater. Mit dessen Tod wird Brentano 1797 zum Vollwaisen, und es stellt sich dringlicher die Frage nach seiner beruflichen Zukunft. Der Halbbruder Franz wurde Clemens' Vormund. Gemeinsam mit dem Bruder Georg, dessen »Petri-Haus« in Frankfurt-Rödelheim das einzige noch existierende Gebäude des großen Immobilienbesitzes der Brentano-Familie in Frankfurt ist, führte Franz die Firma erfolgreich bis 1841 weiter. Ihm gehörte auch das Weingut in Winkel am Rhein, das bis heute im Besitz der Brentanos ist. Goethe und die Günderrode waren dort zu Gast.

Bis 1841 verwalteten die Frankfurter Brüder auch Clemens' Erbteil, dessen Umfang 1816 wuchs, als die an die französischen Bourbonen ausgeliehenen Gelder der Brenta-

1 Vgl. »Herzhaft in die Dornen der Zeit greifen. Bettine von Arnim. 1785–1859«, Ausstellung Freies Deutsches Hochstift / Frankfurter Goethe-Museum, 4. April – 30. Juni 1985, S. 8, 18.

nos zurückflossen und eine Aufteilung von Peter Antons Erbe unter dreizehn Erben vollzogen wurde (vgl. Ausst.-Kat. 1978, 81).

Als die Brüder Clemens' spontanes Angebot, in der Frankfurter Firma zu helfen, abgelehnt hatten, begann er noch im Todesjahr des Vaters am 19. Mai 1797 ein Studium der Bergwissenschaften in Halle. Ein Jahr später (am 5. Juni 1798) immatrikulierte er sich an der Universität Jena als Student der Medizin. Anregungen und Bekanntschaften in Jena außerhalb des medizinischen Fachbereichs wurden für den Studenten jedoch bald wichtiger als die angebotenen Vorlesungen. Jedenfalls hinterließen die Fachstudien – abgesehen von einigen Hinweisen im frühen Dramenfragment *Godwi und Godwine* (FBA 12,181–225) – keine Spuren in seinem Werk.

Vom Studenten zum romantischen Dichter

Bereits im Sommer 1798 machte Brentano Bekanntschaft mit der »vortrefflichen Dichterin Professor Mereau, die ganz, körperlich und geistig, das Bild unsrer verstorbenen Mutter ist«; gemeint war Sophie Mereau (1770–1806), seine spätere Frau. Wenig später nahm er Kontakt zur Schlegel-Tieck-Gruppe auf, die sich ab Herbst 1799 am Löbdergraben 10 in Jena etablierte. Brentano wurde in diesem Kreis, zu dem die Brüder August Wilhelm (1767–1845) und Friedrich Schlegel (1772–1829) und ihre Partnerinnen Caroline (spätere Schelling; 1763–1809) und Dorothea (geb. Mendelssohn, verh. Veit, spätere Frau Friedrichs; 1764–1839), Ludwig Tieck (1773–1853) und Friedrich von Hardenberg (Novalis; 1772–1801) gehörten, zunächst nur als ehrgeiziger

»Schüler« angesehen und nicht ganz ernst genommen. Mit seinen rasch produzierten Werken – dem genialischen Roman *Godwi*, der Satire *Gustav Wasa*, dem Märchen *Die Rose* und der Erzählung *Der Sänger* – versuchte er die frühromantischen Forderungen nach einer neuen »romantischen« Poesie zu verwirklichen, die insbesondere Friedrich Schlegel in der Programmzeitschrift *Athenäum* (1798–1800) und dem Roman *Lucinde* (1799) formuliert hatte. Parallel zum 2. Band des *Godwi* arbeitete Brentano an einem »Intrigenstück«, das er auf die Ausschreibung einer »dramatischen Preisaufgabe« in der Zeitschrift *Propyläen* verfaßte und im September 1801 an Goethe sandte. Keines der eingereichten Stücke erhielt jedoch den ausgeschriebenen Preis, und Brentano verlangte sein Manuskript zurück, um es 1803 auf eigene Faust unter dem Titel *Ponce de Leon* zu veröffentlichen.

Im August 1800 kam es zu einem Zerwürfnis mit Sophie Mereau, die insgeheim auch Friedrich Schlegel ihre Gunst geschenkt hatte, und erst im Mai 1803 gelang es Brentano, wieder engeren Kontakt zu der umworbenen, inzwischen geschiedenen Frau zu knüpfen. Bereits im November des gleichen Jahres heiratete er die sieben Jahre ältere Schriftstellerin in Marburg, wo sie zu dritt (mit Hulda, der Tochter Sophies aus erster Ehe) in der Nähe des befreundeten Friedrich Karl von Savigny (1779–1861) Quartier bezogen. Die Frankfurter Familie hatte sich der Eheschließung zunächst widersetzt, gab jedoch nach, als sich herausstellte, daß Sophie ein Kind erwartete. Finanziell war Brentano, nachdem er »majorenn« (mündig) geworden war, relativ unabhängig. Allein die Zinsen seines in Frankfurt verwalteten Erbteils erlaubten ihm sein Leben lang eine bescheidene, aber unabhängige Existenz ohne den Zwang, durch Publikationen Geld zu verdienen.

Am 11. Mai 1804 kam das erste Kind zur Welt, der Sohn Achim Ariel Tyll, der jedoch schon am 19. Juni starb. Noch im gleichen Jahr siedelten die Eheleute nach Heidelberg über, wo am 13. Mai 1805 die Tochter Joachime Elisabeth geboren wurde, Taufpaten waren Achim von Arnim, Friedrich Karl von Savigny und die Schwester Bettine; am 17. Juni des gleichen Jahres starb auch dieses zweite Kind Brentanos an Scharlach.

In dieser schwierigen Zeit stellte Brentano gemeinsam mit Achim von Arnim (1781–1831) unter dem Titel *Des Knaben Wunderhorn* eine Sammlung »romantisierter« Volkslieder zusammen, die in drei Bänden und einem Anhang von *Kinderliedern* 1805 (mit der Jahreszahl 1806) und 1808 erschienen. Den drei Jahre jüngeren Arnim hatte er im Herbst 1801 bei einem Semester in Göttingen kennengelernt. In einem regen Briefwechsel, der erst in jüngster Zeit vollständig im Druck erschien (vgl. Schultz), entwickelten die beiden zahlreiche Pläne zur Co-Produktion, von denen nur die *Wunderhorn*-Sammlung und wenige gemeinsam verfaßte kurze Texte verwirklicht wurden. Angeregt durch den Freundschaftskult des 18. Jahrhunderts und die frühromantische Idee, das gesamte Leben zu »romantisieren«, stilisierten sich die beiden zu einem Freundespaar nach literarischen Modellen (vgl. Schwinn, B 2: 1997, passim). Zum Schlüsselerlebnis dieser romantischen Freundschaft wurde eine kurze Rheinreise im Sommer 1802, die von Mainz nach Koblenz führte und im Briefwechsel immer wieder beschworen wird. Für Arnim bildet diese kurze Zeit der Gemeinsamkeit eine Unterbrechung seiner Kavalierstour, die ihn zunächst in die Schweiz und nach Norditalien, dann nach Frankreich, England und Schottland führte.

Die fingierte schottische *Ossian*-Dichtung von James Macpherson (1736–96) gehörte neben der Volksliedsammlung Herders, der Minnesänger-Publikation Tiecks und den Erfahrungen der Rheinreise zu den Anregungen, die zu dem Plan einer Sammlung mit deutschen Volksliedern führte. Dabei hofften die Freunde auf Unterstützung durch Goethe, der in seiner Straßburger Zeit selbst Volkslieder gesammelt und im Stile von Volksliedern gedichtet hatte. Arnim fuhr mit dem druckfrischen 1. Band des *Wunderhorn* im Herbst 1805 nach Weimar und verstand es, Goethe für das Projekt zu begeistern. Bereits im Frühjahr 1806 veröffentlichte der zu diesem Zeitpunkt als Autorität der deutschen Literatur und Kritik anerkannte Dichter eine euphorische Rezension in der *Jenaischen Allgemeinen Literatur-Zeitung* mit einer Kurzcharakteristik sämtlicher Lieder. Deutlich gab Goethe zu erkennen, daß er die Eingriffe der Herausgeber in die überlieferten Texte billigte, und munterte die beiden zur Erweiterung der Sammlung auf. 1808 erschienen dann tatsächlich zwei weitere Bände und der Anhang mit Kinderliedern.

Die Rezension Goethes machte das Projekt weit bekannt, rief jedoch zugleich die Kritiker auf den Plan, unter denen der nach Heidelberg berufene Johann Heinrich Voß besonders hervortrat. Als schulmeisterlicher Berater in Fragen der antiken Metrik hatte er Goethe bei »antikisierenden« Dichtungen wie dem Hexamter-Epos *Herrmann und Dorothea* in Weimar geholfen. Die Rückbesinnung auf alte deutsche Texte und gereimte italienische und spanische Versformen, wie sie von den Brüdern Schlegel, Tieck, Arnim und Brentano forciert wurde, schien ihm ein Rückfall ins Barbarische, Nicht-Klassische, und er bekämpfte die »romantische Clique« mit allen publizistischen Mitteln. In Heidelberg waren es neben Brentano (und dem nur zeitweise anwesenden Arnim) der befreundete Dozent Joseph Görres (1776–1848) und Savignys Schüler Georg Friedrich Creuzer (1771–1858), die auf der Grundlage der Jenaer Romantik eine »Heidelberger Romantik« entwickelten. Die Brüder Eichendorff studierten zu dieser Zeit in Heidelberg, das nach Joseph von Eichendorff selbst »eine prächtige Romantik« darstellte, und erhielten hier (und durch die spätere Lektüre des *Wunderhorn*) ihre entscheidenden Impulse. Wie die von Arnim und Brentano gestaltete kurzlebige Programmzeitschrift *Zeitung für Einsiedler* (1808) zeigt, trat die Beschäftigung mit Volksliedern, Sagen und Mythen nun stärker in den Vordergrund. Brentano selbst begann mit dem Sammeln von Märchen und trug sich mit dem Plan, die »italiänischen Mährchen« von Giovan Battista Basile (1575–1632) zu deutschen Kindermärchen zu verarbeiten. Zu einer Ausarbeitung kam es jedoch erst nach 1810, und das gesamte Märchen-Projekt, bei dem Brentano Rheinmärchen und italienische Märchen zu einem Zyklus zusammenfügen wollte, wurde bis zu seinem Tode nicht vollendet.

In Heidelberg kam auch das dritte Kind aus der Ehe mit Sophie Mereau zur Welt. Mutter und Tochter überlebten die Geburt am 31. Oktober 1806 nicht, und Brentano flüchtete wenig später als Witwer aus Heidelberg. Nach einer Phase herzzerreißender Trauer ließ er sich bereits im Sommer 1807 in eine stürmische Liebesaffäre mit Auguste Bußmann (1791–1832) ein, einem Mündel des mit den Brentanos befreundeten Frankfurter Bankiers Moritz von Bethmann. Nach Brentanos Darstellung hatte sich das junge Mädchen ihm öffentlich »an den Hals geworfen« und »entführte« ihn aus Frankfurt. Bereits am 21. August 1807 fand die Trauung mit der sechzehnjährigen Auguste in Fritzlar statt. Die kinderlose Ehe mit der exaltierten jungen Frau endete ebenso spektakulär, wie sie begonnen hatte. Brentano flüchtete vor Auguste nach München, versteckte sich Anfang 1809 in der Nähe von Landshut und erreichte mit Hilfe von Savigny 1812 endlich die offizielle Scheidung. Auguste, die mehrfach Selbstmordversuche inszeniert hatte, um Brentano an sich zu binden, heiratete später erneut und schied 1832 durch Selbstmord aus dem Leben. (Hans Magnus Enzensberger stellte ihre Beziehung zu Clemens Brentano 1988 in der Dokumentation »Requiem für eine romantische Frau« in neuem Licht dar. Zehn Jahre später entstand daraus ein Film von Dagmar Knöpfel.)

Der Versuch, sich als Dichter in der Gesellschaft zu etablieren

Mitte 1809 machte sich Brentano – über Weimar, wo er Goethe besuchte – auf den Weg zu Arnim nach Berlin. Ab September lebte er dort und verkehrte in der preußischen Metropole u. a. mit Adam Müller (1779–1829), Friederike Unzelmann (1760–1815), den Brüdern Joseph (1788–1857) und Wilhelm (1786–1849) von Eichendorff, Adelbert von Chamisso (1781–1839), Friedrich de la Motte Fouqué (1777–1843) und Heinrich von Kleist (1777–1811).

Für Kleists Zeitschrift *Abendblätter* entstand 1810 die Bildbetrachtung *Vor Friedrichs Seelandschaft worauf ein Kapuziner*. Kleist veröffentlichte jedoch nur ein bearbeitetes Bruchstück dieses von Arnim und Brentano gemeinsam verfaßten Textes, der sich ursprünglich auf die beiden in der Berliner Ausstellung gezeigten Bilder Caspar David Friedrichs (1774–1840) *Der Mönch am Meer* und *Abtei im Eichwald* bezog (vgl. Maisak/Schultz, B 7: 1991). Auch mit Philipp Otto Runge (1777–1810) nahm Brentano Kontakt auf. Außer den Märchen beschäftigte Brentano der Plan eines Romanzenzyklus zur Entstehung des Rosenkranzes. Von Runge erhoffte er illustrierende Randzeichnungen für die Publikation. Es gelang ihm jedoch nicht, den Maler mit seinem großen »Bekenntnis-Brief« (vgl. FBA 32,200–215) zu überzeugen, und auch die Teilabschrift der neun fertiggestellten *Romanzen vom Rosenkranz* (FBA 10,17–193) konnte den Maler nicht zu einer positiven Antwort auf Brentanos Anfrage bewegen. Krankheit und Tod Runges setzten diesen Plänen dann ohnehin ein Ende, und Brentano schrieb einen Nachruf auf den kongenialen Künstler (vgl. W 2,1039–42).

1810 ist auch das Todesjahr der von den Romantikern verehrten preußischen Königin Luise. Brentano verfaßte aus diesem Anlaß eine *Kantate auf den Tod der Königin*

Achim von Arnim (1781–1831)
Federzeichnung von Clemens Brentano (um 1811)

Louise von Preußen (W 1,204–217). Auch zur Einweihung der Berliner Universität entstand im gleichen Jahr ein Kantatentext (ebd., 218–229).

Welche herausragende Rolle Arnim und Brentano unter den Berliner Intellektuellen um 1810 spielten, zeigt die von ihnen vollzogene Gründung der »Christlich-deutschen Tischgesellschaft« am 18. Januar 1811, denn die Mitgliederliste ist eindrucksvoll: Fichte, Kleist, Adam Müller, Savigny, Schinkel und Zelter gehörten u. a. dazu. Die Statuten dieser alle zwei Wochen tagenden Runde schließen die Teilnahme von »Philistern« und Juden aus und geben damit Kunde von einem fragwürdigen geistigen Klima, das der Liberalität im Preußen des 18. Jahrhunderts Hohn spricht. Vermutlich ist es der Druck der französischen Besatzung, der nationalistische Töne und eine Tendenz zur Diskriminierung der jüdischen Minderheit auslöste. Im März 1811 trug Brentano in der »Tischgesellschaft« die noch im gleichen Jahr veröffentlichte Satire *Der Philister vor, in und nach der Geschichte* vor (W 2,959–1016). Die Verhöhnung der bürgerlich engen, unpoetischen, allzu utilitaristisch-aufklärerisch gesonnenen »Philister« gehörte zu den Kennzeichen frühromantischer Satiren, und Brentanos Philistersatire, die den Philister Mephisto annähert und ihm alles erdenklich Negative zuordnet, geht zweifellos auf die Jenaer Zeit zurück, während die Identifikation mit dem verteufelten Juden eine Zugabe der Berliner Zeit sein dürfte und ähnlichen Attacken Arnims in der Tischgesellschaft entspricht, die dem Ansehen der deutschen Romantik schweren Schaden zugefügt haben.

Ab Mitte 1811 – Arnim hatte inzwischen überraschend Clemens' Lieblingsschwester Bettine geheiratet und war aus der gemeinsamen Wohnung mit dem Freund ausgezogen – hielt sich Brentano in dem Familiengut Bukowan und im benachbarten Prag auf. Ihn plagten existentielle Ängste: er hatte – wie seine Geschwister Bettine, Kunigunde und Christian – einen Teil des ererbten Vermögens in das böhmische Gut Bukowan investiert, was sich als gefährliche

Bettine von Arnim, geb. Brentano (1785–1859)
Bleistiftzeichnung von Ludwig Emil Grimm
(vermutlich 1851 nach Skizzen von 1809)

Fehlspekulation erwies. Das Gut brachte keine nennenswerten Erträge ein, und nur unter großen Schwierigkeiten – mit Unterstützung des geschickten Schwagers, des als Gutsverwalter und Jurist erfahrenen Savigny – gelang es später, das Gut wieder zu verkaufen und das investierte Geld zu retten. Der Versuch der Selbstverwaltung durch den Bruder Christian, der eine Zuckerfabrikation in Bukowan aufbauen wollte, war gänzlich mißglückt. Brentano, der die hilflosen Experimente des Bruders vor Ort 1810 und 1811 miterlebt hatte, spricht von einem »kleinen Rest« seines Vermögens (UL 487) und seiner »Armut« (Februar 1814 an Wilhelm Grimm).[2] Sogar ein Brotstudium (der Algebra und Geometrie mit dem Ziel, Architekt zu werden) erwog er zu dieser Zeit und bat den befreundeten Karl Friedrich Schinkel (1781–1841), ihn auszubilden. Aus diesen Plänen wurde nichts, und auch die finanzielle Unsicherheit sollte sich bald geben; Brentano geriet nie in tatsächliche Armut.

Das mythologisch-romantische Drama *Die Gründung Prags*, das (fragmentarische) Trauerspiel *Aloys und Imelde* und das Romanfragment *Der schiffbrüchige Galeerensklave vom Todten Meer* entstanden zu dieser Zeit, der sich (ab Mitte 1813) eine Zeit in Wien anschloß. Dort setzte sich Brentano in den Kopf, dem in den Befreiungskriegen am 26. August 1813 gefallenen Theodor Körner als Theaterdichter zu folgen. Er publizierte Theaterrezensionen (vgl. W 2,1065–1143), arbeitete seinen *Ponce de Leon* für die Bühne um (*Valeria oder Vaterlist*; vgl. FBA 12,637–796) und entwarf Festspiele, um die Erfolge der Befreiungskriege auf der Bühne zu feiern (*Viktoria und ihre Geschwister mit fliegenden Fahnen und brennender Lunte*, veröffentlicht 1817). Mehr als eine Textdarbietung im Zwischenspiel einer Theateraufführung und die Premiere der *Valeria*, die zu einem Debakel wurde, erreichte Brentano mit seinen Bemühungen

2 Clemens Brentano, *Briefe*, hrsg. von Friedrich Seebaß, Nürnberg 1951, Bd. 2, S. 126.

in Wien nicht. Nach der ausgepfiffenen Uraufführung (am 12. Februar 1814) reiste er Ende April 1814 enttäuscht ab.

Einem Besuch bei Arnim in Wiepersdorf folgte die gemeinsame Weiterfahrt nach Berlin. Brentano hatte sich nun dem Schreiben von Erzählungen zugewandt, die zwischen 1815 und 1817 dann im Druck erschienen. Möglicherweise war die Befürchtung, durch einen Bankrott des Familienguts Bukowan seine existentielle Grundlage zu verlieren, Mitursache für die rasche Produktion und Publikation der Erzählungen. Innerlich befriedigen konnte Brentano diese Arbeit offensichtlich nicht, denn in Berlin geriet er in eine Krise, die ihn an seinen Fähigkeiten und dem Sinn der Schriftstellerei zweifeln ließ. Die Forschung sieht in einem Brief an Wilhelm Grimm vom 15. Februar 1815 Anzeichen einer »Sprachkrise« und versuchte in der Zeit nach dem Zweiten Weltkrieg die Bedeutung der »Wende« für das dichterische Schaffen Brentanos historisch einzuordnen und zu relativieren, kann jedoch die Tatsache nicht ignorieren, daß Brentano seine dichterische Produktivität zunächst ausschließlich in den Dienst einer neuen »Erweckungsbewegung« stellte und »weltliche Dichtung« als »Lüge« empfand. Insofern stellt die Generalbeichte in Berlin trotz aller Elemente der Kontinuität in der Dichtung eine Zäsur in seinem Leben und Dichten dar.

Die Neuorientierung nach der Generalbeichte

Anfang 1816 erfuhr Brentano durch Johann Nepomuk Ringseis (der bereits an der *Zeitung für Einsiedler* mitgewirkt hatte) von einer katholischen Erweckungsbewegung in Bayern. Er kopierte einen umfangreichen Brief des

Freundes (vgl. FBA 28,2, 365–382) und wurde Mitanreger einer Berliner Erweckungsbewegung, die ihre Parallele in neupietistischen Tendenzen evangelischer Gruppen in Berlin hatte (Gerlach-Kreis, zu dem auch Luise Hensel und Clemens Brentano engen Kontakt hatten). In diesem Umfeld entstanden das Gedicht *Die Gottesmauer* (»Draus bei Schleswig vor der Pforte«) und seit Ende 1816 weitere religiöse Lyrik, die zum großen Teil an die protestantische Pfarrerstochter Luise Hensel (1798–1876) gerichtet ist (vgl. FBA 3,1, 449–468). Brentano hatte das junge Mädchen im Oktober 1816 im Hause Friedrich von Stägemanns kennengelernt und versuchte sie in doppeltem Sinne (als Geliebte bzw. Heiratskandidatin und Konvertitin) zu gewinnen. Tatsächlich konvertierte Luise später – gegenüber den erotischen Werbungen des 38jährigen Brentano blieb die Achtzehnjährige jedoch standhaft und erwog lediglich eine »Josephsehe«.

Am 24. Januar 1817 legte Clemens' Bruder Christian eine Generalbeichte in der Berliner St.-Hedwigs-Kirche ab; am 27. Februar lieferte Clemens Brentano ebendort seine handgeschriebene zwölfseitige Beichte ab, deren Text nicht überliefert ist. Auch die Berichte über die göttlichen Zeichen (Stigmata) am Körper einer Dülmener Nonne faszinierten die Brüder gleichermaßen, und es war zunächst Christian, der vom 5. April bis 4. Juli 1817 nach Dülmen zu der ehemaligen Augustinerin Anna Katharina Emmerick (1774–1824) reiste. Clemens folgte am 14. September 1818. Er war überzeugt, daß in den Stigmata wunderbare göttliche Zeichen zu erkennen seien, die zum Ausgangspunkt für eine neue allgemeine Frömmigkeit werden und zur Erneuerung der katholischen Kirche in Deutschland führen könnten. So verstand er sich seit diesem Besuch als »Pilger« und »Schreiber«, dessen Aufgabe es war, die wunderbaren Zeichen in gottloser Zeit zu dokumentieren und alle »Visionen« Anna Katharina Emmericks aufzuzeichnen. Abgesehen von kurzen Unterbrechungen (wie zur Vorbereitung der Versteigerung seiner »weltlichen« Bibliothek im April 1819), hielt er

Clemens Brentano
Bleistiftzeichnung von Wilhelm Hensel (1819)

sich bis zum Tode der Nonne (9. Februar 1824) in Dülmen auf. Nur wenige seiner Aufzeichnungen geben spontane Äußerungen der schlichten, plattdeutsch sprechenden Anna Katharina unmittelbar wieder. Brentano las der bettlägrigen Anna Katharina mystische Schriften (z. B. von Tauler) vor und fragte die einzelnen biblischen Ereignisse bei ihr ab. Er hatte das Ziel, ein großangelegtes Epos mit den Teilen *Marienleben*, den *Lehrjahren Jesu* und der Leidensgeschichte »nach den Betrachtungen der [...] Anna Katharina« zu veröffentlichen. Mit Palästina-Karten prüfte und korrigierte er, was sein »Medium« in Trance zum Verlauf von Jesu Leben mitteilte, um es dann in jahrelanger Arbeit erneut zu überarbeiten. Erst 1833 erschien *Das bittere Leiden unsers Herrn Jesu Christi. Nach den Betrachtungen der gottseligen Anna Katharina Emmerich, Augustinerin des Klosters Agnetenberg zu Dülmen* im Druck. Die übrigen Teile (unter Einschluß einer Emmerick-Biographie; vgl. FBA 28,1; 28,2) blieben – weitgehend druckfertig aufbereitet – bis zu seinem Tode liegen. Vermutlich war das Erscheinen von David Strauß' *Leben Jesu* (1835–36) eine Ursache für die zögerliche Publikation.

Als religiöse Erbauungsliteratur war Brentanos *Bitteres Leiden* erfolgreich, doch die literarische Welt nahm das Buch nicht wahr, zumal der Verfasser anonym blieb. Das gilt auch für die Ordensgeschichte *Die Barmherzigen Schwestern in Bezug auf Armen- und Krankenpflege*. 1831 publizierte Brentano (ebenfalls anonym) dieses Werk »zum Besten der Armenschule des Frauenvereins in Coblenz« (so der Untertitel; FBA 22,1, 13). In Koblenz bei dem befreundeten Stadtrat Hermann Joseph Dietz (1782–1862) hielt sich Brentano seit Oktober 1824 mit Unterbrechungen (u. a. durch Reisen nach Nancy und Paris, 1827, und in die Schweiz sowie Aufenthalte in Frankfurt und Wiesbaden) bis 1830 überwiegend auf.

1823 hatte Brentano den Frankfurter Historiker Johann Friedrich Böhmer (1795–1863) kennengelernt, der sich für die großen unveröffentlichten Werkkomplexe Brentanos aus der Zeit vor 1816 interessierte und Einblick in dessen Handschriften gewann. 1826 regte der Freund an, die *Romanzen vom Rosenkranz* zu publizieren – was Brentano ablehnte –, am Ende des gleichen Jahres veröffentlichte er ohne Genehmigung des Dichters in der Zeitschrift *Iris* das 1. Kapitel aus Brentanos *Märchen vom Rhein*, im Januar 1827 ebendort *Das Mirthenfräulein*. Auf Brentanos Proteste hin stellte Böhmer die Publikationen ein, durfte jedoch mit Einverständnis des Autors von den Romanzen und den Märchen Abschriften anfertigen lassen. 1835 startete er eine neue Initiative und versuchte Brentano zu einer Sammelausgabe seiner Werke zu bewegen. Überraschend hatte sein Drängen im November 1836 Erfolg, und Brentano ließ selbst einen Teil seiner Lyrik für die geplante Edition abschreiben. Wenig später nahm er seine Zusage jedoch wieder zurück, und nur ein einziges der *Italienischen Märchen* erschien im November 1837 (mit der Jahreszahl 1838) im Druck. Es ist das zu einem stattlichen Buch ausgeweitete, mit einer Zueignung an Marianne von Willemer versehene Märchen *Gockel, Hinkel und Gackeleia*.

Die Publikation signalisiert, daß Brentano seine radikale Wendung zur religiösen Erbauungsliteratur nicht mehr so ernst nahm. Tatsächlich entwickelte sich in den dreißiger Jahren eine intensive Liebesbeziehung zu der Baseler Malerin und Kunstsammlerin Emilie Linder (1797–1867), der Brentano eine große Zahl von Liebesgedichten schrieb. Im katholischen Kreis der Münchener Spätromantik, bei Joseph und Guido Görres (1805–52), Johann Nepomuk von Ringseis (1785–1880), George Philipps (1804–72) und Joseph Schlotthauer (1789–1869), hatte Brentano 1832 eine neue geistige Heimat gefunden und Emilie Linder kennengelernt. »Private« Liebeslyrik und »öffentliche« (anonym veröffentlichte) religiöse Werke entstanden in dieser letzten Lebensphase parallel. Eines der letzten Projekte ist (neben Veröffentlichungen in den *Historisch-politischen Blättern*) eine versifizierte Marina-Legende, die der Frankfurter Maler Edward von Steinle (1810–86) illustrieren sollte. Seit 1837 korrespondierte Brentano mit ihm über die Illustrationen zu einigen Werken (Gedichte, *Lehrjahre Jesu*, Märchen), zu Lebzeiten Brentanos kam es jedoch nicht mehr zu Veröffentlichungen, und die Ergebnisse der Zusammenarbeit sind nur aus den postum veröffentlichten Zeichnungen und Stichen Steinles abzulesen.

Im Januar 1842 zeigten sich bei Brentano verstärkt Zeichen von Herzschwäche (»Wassersucht«), und im Juni ging es ihm so schlecht, daß er seinen Bruder Christian bat, nach München zu kommen. Dort setzte er sein Testament auf, in dem er Christian zum Universalerben einsetzte, einzelne Werkkomplexe jedoch Guido Görres (Märchen; erschienen 1846–47) und Daniel Bonifaz Haneberg (Emmerick-Schriften) zur Edition übereignete. Am 12. Juli reiste der todkranke Brentano gemeinsam mit seinem Bruder Christian zu dessen Wohnsitz nach Aschaffenburg, wo er wenig später (am 28. Juli) starb und begraben wurde.

Clemens Brentano
Ölgemälde von Emilie Linder (um 1835)

Lyrik (mit *Des Knaben Wunderhorn*)

Clemens Brentano gilt neben Joseph von Eichendorff als bedeutendster Lyriker der deutschen Romantik. Emil Staiger demonstrierte an Gedichten der beiden Autoren das Wesen des »Lyrischen«, worunter er das musikalische, emotionale und subjektive Element der Lyrik verstand. Was Staiger beschreibt, ist eine historisch gewachsene lyrische Form, die wir gewohnt sind, als »klassisch-romantische Stimmungslyrik« zu bezeichnen. Sie strebt eine Harmonie des lyrischen Subjekts mit der Welt der Objekte an, ein Verschmelzen des Ich mit der Natur, und verzichtet weitgehend auf Reflexion und Argumentation, wie wir sie etwa aus Schillers Gedankenlyrik oder Brechts gestischen Versen kennen, und auf Pathos, das für lyrische Texte von Klopstock oder Hölderlin konstituierend ist. Statt dessen wird ein schlichter Ton gepflegt, der metrisch und syntaktisch einfache, oft volksliedartige Strukturen bevorzugt. Durch Reime und einen glatt schwingenden Rhythmus, der sich »natürlich« aus dem Prosarhythmus zu entwickeln scheint, oft aber artistisch geformt ist, wird die Sprache »musikalisch«, sie entfaltet Klangeffekte, die den Klassizisten der Goethezeit Anlaß zur Kritik gab.

Die frühe Lyrik Clemens Brentanos verwirklicht dieses Programm einer schlichten, volksliedartigen und zugleich artistisch strukturierten, klangschönen und gefühlvollen Lyrik mit Genialität. Dabei greift er nicht auf die von griechischen und römischen Vorbildern geprägte deutsche Klassik zurück, sondern auf die Ideen des Sturm und Drang: Es sind die Lieder des jungen Goethe und die Vorstellungen Herders und Goethes von einem »natürlichen« Rhythmus und von der Rückbesinnung auf die schlichten Volksliedtraditionen, die als Vorbilder wirken. Zugleich nimmt Brentano die ästhetischen Ideen der Jenaer Romantik auf, die im Schlegel-Tieck-Kreis entwickelt wurden und im *Athenäum* der Brüder Schlegel und den Schriften von Wackenroder und Tieck (*Phantasien über die Kunst, für Freunde der Kunst* 1799) formuliert sind. Auch die frühen Romane und Märchen von Tieck, *Franz Sternbalds Wanderungen* (1796) sowie die im *Phantasus* später zusammengefaßten Märchenerzählungen *Der blonde Eckbert* (1796), *Der getreue Eckart und der Tannenhäuser* (1799) und die *Liebesgeschichte der schönen Magelone* (1796), enthielten bereits lyrische Einlagen. Novalis' *Heinrich von Ofterdingen* (1802) und seine *Hymnen an die Nacht* (1800 im *Athenäum*) sind als weitere Vorbilder zu nennen, die ihrerseits – was die Integration von Lyrik in Erzähltexte betrifft – auf Goethes *Wilhelm Meisters Lehrjahre* (1795–96) zurückweisen. Eine Mischung der verschiedenen Gattungen, die dann durch Schlegels berühmtes *Athenäum*-Fragment 116 zum Programm der Jenaer Romantik wurde, hatte Goethe bereits zum Teil (als Verbindung von Epik und Lyrik) praktisch erprobt.

Clemens Brentano sog diese Anregungen förmlich auf, als er sich zum Sommersemester 1798 in Jena im Fach Medizin eingeschrieben hatte und bald im Haus der Schlegel am Löbdergraben ein und aus ging. Zunächst verspottete man den unerfahrenen Möchtegern-Poeten und verhöhnte ihn als Nachahmer von Tieck in der Satire *Der neue Hercules am Scheidewege* (1800). In diesem Text sind es die gereimten, stark auf Klangeffekte ausgerichteten Tieckschen Kurzverse, die man dem »Bewunderer« Brentano in den Mund legt, der in der Satire zugleich dadurch auffällt, daß er alles »zur Religion erklärt«. Die Schülerarbeiten, die Brentano im Ton von Tieck damals anfertigte, gingen jedoch – von einigen Passagen der Satire *Gustav Wasa* abgesehen – in seine Publikationen nicht ein; die ersten veröffentlichten Verse zeigen Brentano bereits als virtuosen Verstechniker, der die zentralen Ideen der Frühromantik souverän verarbeitete und die lyrischen Produkte von Friedrich Schlegel und Ludwig Tieck an Qualität und artifizieller Perfektion von Anfang an weit übertraf.

Es sind insbesondere der Roman *Godwi* und das für Sophie Mereaus Zeitschrift *Kalatiskos* geschriebene Erzählfragment *Der Sänger*, die lyrische Meisterwerke des jungen Brentano enthalten. Hier finden wir Sonette ebenso wie Stanzen und volksliedartige Strophen. In der Schlegel-Gruppe war es Caroline Schlegel, die zuerst die Genialität der *Godwi*-Lyrik erkannte. Sie hebt die »Romanzen« hervor, womit sie lyrische Stimmungsbilder und balladenartige Einlagen meint (und nicht »Romanzen« mit Assonanzen im Sinne der Metrik). Caroline erkennt das Besondere dieses Stils, die Vermischung von (scheinbar) alten, volksliedartigen Elementen mit Tendenzen der neuen Poesie, die im Schlegel-Kreis »romantisch« genannt wurden. In der *Godwi*-Lyrik spricht (nach Schillers Terminologie) der »sentimentalische« Dichter der Moderne, der die ursprüngliche Naivität nur nachzuempfinden versteht. Caroline schreibt an August Wilhelm Schlegel am 10. Dezember 1801:[1]

> [. . .] es sind Romanzen darin, die ordentlich so aussehn, als wenn sie nicht eben gemacht worden wären, sondern sich vor langer Zeit selbst gemacht hätten. Gedichte so gut wie die besten dieser Schule [. . .].

Caroline bezieht sich in ihrem Brief auf den 2. Band des *Godwi*, in den die Texte *Ein Fischer saß im Kahne, Ein Ritter an dem Rheine ritt* und *Zu Bacharach am Rheine* integriert sind (vgl. G 44–52). Besonders der letztgenannte Text sollte Schule machen, denn es handelt sich um die erste Loreley-Dichtung, mit der Brentano den bis heute nachwirkenden Loreley-Kult auslöste. Die Geschichte von der Zauberin Loreley, die den vorbeifahrenden Schiffern zum Verhängnis wird, ist aufgrund der (heute durch den Bahntunnel

1 Zit. nach: *Caroline und Dorothea Schlegel in Briefen*, hrsg. von Ernst Wieneke, Weimar 1914, S. 197.

zerstörten) doppelten Echowirkung des Loreley-Felsens und die (durch Felssprengungen inzwischen entschärfte) gefährliche Schiffspassage bei Bacharach in Brentanos Phantasie entstanden. Vielleicht ist es der Versuch, die von Friedrich Schlegel geforderte »neue Mythologie« zu schaffen, denn Brentano entwickelt in den *Rheinmärchen* eine regelrechte Genealogie der Loreley-Figur und personifiziert auch andere Landschaftselemente des Rheintals. Damit belebt er die Fels- und Burgenwelt mit »mythischen« Figuren. Bei der Loreley nimmt er zugleich auf die antike Echo-Figur Bezug, und im *Godwi*-Kontext korrigiert er Schlegels Forderung, indem er erläutert, daß eine »neue Mythologie« doch stets eine variierte »alte« ist.

So ist für die Ästhetik von Brentanos Lyrik eine raffinierte Verbindung von alten und neuen Elementen charakteristisch. Dabei werden nur die äußere Form, die schlichte Versstruktur und der Wort- und Bilderschatz, gelegentlich auch die syntaktische Formelhaftigkeit der überlieferten »Volkslieder« imitiert. Brentano feilte seine Texte so aus, daß sie mit den holprigen, oft auch inhaltlich inkonsequenten Mustern volkstümlicher Lyrik nicht mehr zu vergleichen sind. Um eine gewisse Patina zu erzeugen, hielt er an bestimmten Volksliedwendungen fest; zugleich erzielte er jedoch durch Reime, Assonanzen und rhythmische Glätte einen musikalischen Effekt und evozierte eine Natur-»Stimmung«, wie sie dem Programm der Romantik entsprechen. Sind zweisilbige Senkungen im Volkslied oft Ergebnis mangelnder handwerklicher Fertigkeiten, so setzt Brentano die Versfüllung ein, um einen glatt schwingenden Versrhythmus zu erzeugen, der scheinbar ganz natürlich aus dem Satzrhythmus hervorgeht. Dieses Element der Form, der fließende, wie natürlich aus der Prosa wachsende Rhythmus, ist das formale Korrelat zu der elegischen, oft von Sehnsucht und Selbstmitleid getragenen »Stimmung«, die den Hörer einfängt, ihn eins werden läßt mit den Naturbildern. Beispiel für diese Technik sind *Die Seufzer des*

Abendwinds wehen (G 14), *Wenn der Sturm das Meer umschlinget* (G 15) und *Sprich aus der Ferne* (G 25). Das letztgenannte Gedicht enthält nicht nur die Mondscheinstimmung, die noch heute umgangssprachlich als typisch »romantisch« bezeichnet wird, sondern auch das Programm der romantischen Naturphilosophie und Ästhetik: »Alles ist ewig im Innern verwandt« (G 26): Das heißt, die gesamte Natur ist durch ein System von Korrespondenzen zu einem harmonischen Ganzen verbunden. Aufgabe der Dichter ist es, den Menschen wieder in diesen Zusammenhang einzubinden, ihm die »heimliche Welt«, die »aus der Ferne« spricht, wieder zu erschließen.

Der Rückgriff auf Altes, in der Volkskunst noch bruchstückhaft Erhaltenes erfährt aus diesem Zusammenhang seine Sinndeutung, denn ursprünglich – so argumentieren die Romantiker – gab es jene harmonische Einheit von Mensch und Natur, Menschen- und Götterwelt; im Laufe der Geschichte ging diese Einheit verloren, bleibt nur als Ahnung und Erinnerung noch erhalten. Die Gegenwart ist von Frustration und Kälte geprägt; der Mensch versteht die geheimnisvolle Hieroglyphensprache der Natur nicht mehr; er ist abgeschnitten von der paradiesischen Welt der Urzeit. Was er sieht und hört, sind Trümmer und abgerissene, unverständliche Laute und Zeichen. Aufgabe der Kunst ist es, jene Harmonie wieder zu ermöglichen, dem Menschen wieder einen Zugang zu der »heimlichen Welt« zu eröffnen, wobei der Leser nicht durch Argumente aufgeklärt, sondern mit Wortmusik emotional eingestimmt wird. Die Suche nach dem verlorenen Paradies wird so zum zentralen Motiv der romantischen Lyrik (Frühwald).

Titelkupfer (Cyparissus und Phöbus) zum 2. Band des *Godwi* (1801)

Gestochen von Caspar Weinrauch nach einer Vorlage von Johann Heinrich Ramberg

Godwi

oder

Das steinerne Bild der Mutter

Ein verwilderter Roman

von

Maria.

Zweyter und letzter Theil.

Keinen grünen Kranz mag ich nicht mehr.

Bremen

bei Friedrich Wilmans 1801.

Das Programm ist zugleich Gegenprogramm zur Aufklärung, denn nicht Verstand und Licht (Tag) öffnen den Zugang zu dieser paradiesischen Welt, sondern Emotion und Dunkelheit (Nacht). Mit seinen *Hymnen an die Nacht* (beeinflußt von Youngs *Nachtgedanken*, 1742–44) hatte Novalis diese Verherrlichung von Nacht, Traum und Phantasie der Lichtsymbolik der Aufklärung entgegengesetzt. Sehr deutlich wird jedoch bereits in diesen *Hymnen* die Nähe zum Tod, die auch bei Brentano trotz aller Sehnsucht nach Harmonie immer wieder spürbar wird. Dabei gelingen ihm bereits in der Frühzeit Gedichte, die sich von der Volksliedtradition stofflich und formal weit entfernen und außerordentlich »modern« wirken, weil sich ein innerlich zerrissenes lyrisches Ich artikuliert, das ratlos und verloren in einer Welt steht, deren innerer Zusammenhang mehr ersehnt und erhofft als empfunden wird.

X Besonders deutlich ist dies in dem Sonett *Auf Rosen oder Dornen hingesunken* (G 30). Brentano gab diesem Text, der aus einem Brief an Friedrich Karl von Savigny vom November 1800 stammt, in einer späteren Fassung den Titel *Über eine Skizze. Verzweiflung in der Liebe an der Liebe*. Der Haupttitel *Über eine Skizze* nimmt Bezug auf die frühromantische Tradition von Gemäldebeschreibungen, der Briefkontext verrät jedoch, daß Brentano selbst dieses Bild in seiner Phantasie entwarf und nicht – wie Arnim und die Brüder Schlegel in ihren Bildsonetten – Bildeindrücke aus einer Galerie vermitteln wollte. »In mir ist eine Skizze geworden«, schreibt er (zit. nach: G 212): »Das Leiden mahlte länger fort, aber da die Farben der Schönheit fehlten konnte sie nichts, als das Bild verzerren«. So entsteht im lyrischen Text eine vieldeutige, beklemmende, düstere Skizze: »Der Jüngling – betend – tot – im Schlafe trunken? [...] O deute die undeutlichen Geberden, [...] Enthüll, verhüll das Freudenbett – die Bahre« (G 30). Keine Spur hier von der rhythmischen Glätte einschmeichelnder Stimmungsgedichte. Die Gedankenstriche markieren scharfe Schnitte, und es ergibt sich eine zögerliche, reflektierende, gebrochene Sprachgestik, die in der Sonettform durchaus Tradition hat und im Barock ebenso genutzt wird wie im 20. Jahrhundert bei Bertolt Brecht. Brentano beherrscht sie genauso virtuos wie die scheinbar leichte, scheinbar naive Volksliedform.

Das Sonett erlebte in der Romantik eine Renaissance. In Anlehnung an Petrarca und Dante wurde die italienische Form – trotz der Polemik von klassizistischen Formalisten wie Johann Heinrich Voß – in der Frühromantik wieder in die deutsche Tradition eingeführt. Dabei dominieren Freundschafts-, Liebes- und Bildsonette, und der reflektierend-spröde Ton, den Brentano in seinem Liebessonett anschlägt, bleibt »einmalig« und scheint Elemente der Moderne vorwegzunehmen. Es überrascht deshalb nicht, daß es Hans Magnus Enzensberger war, der Artverwandtes in diesem Brentano-Text entdeckte und Begriffe der modernen Ästhetik wie »Montage« und »Entstellung« benutzte, um Brentanos Lyrik zu beschreiben. Brentano führt nicht nur die klassisch–romantische Stimmungslyrik zu einem Höhepunkt, sondern kennt – wie Heine – das Umschlagen dieser Stimmung in existentielle Trostlosigkeit und bereitet damit die Moderne vor.

Von den frühen lyrischen Texten Brentanos erschienen nur wenige im Druck. Der Plan, gemeinsam mit Achim von Arnim eine Sammlung eigener Gedichte unter dem Titel *Die Liederbrüder* zu publizieren (vgl. Schultz, 127–130), wurde verdrängt von dem Projekt eines Liederbuchs mit gesammelten, überarbeiteten Texten, die ursprünglich mit Melodiebeigaben veröffentlicht werden sollten: »Ich habe dir und [dem Komponisten] Reichard[t] einen Vorschlag zu machen, bei dem ihr mich nur nicht ausschließen müßt«, schreibt Brentano am 15. Februar 1805 seinem Freund, »nehmlich ein Wohlfeiles Volksliederbuch zu unternehmen [...], es muß sehr zwischen dem romantischen und alltäglichen schweben, es muß Geistliche, Handwerks, Tagewerks, Tagszeits Jahrzeits, und Scherzlieder ohne Zoten

Titelkupfer und Titelblatt der *Kinderlieder* im Anhang von *Des Knaben Wunderhorn* (1808)

Kinderlieder

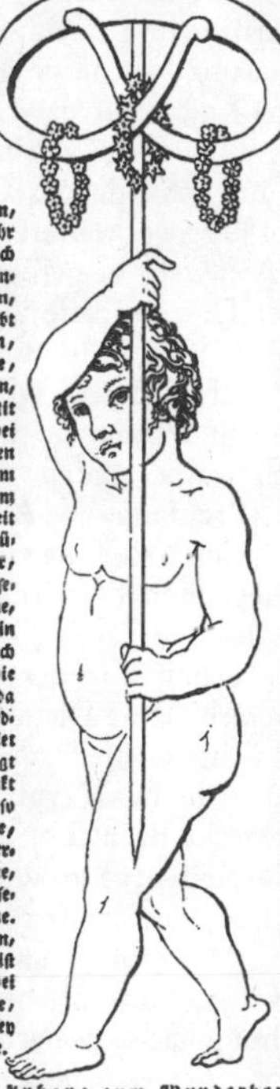

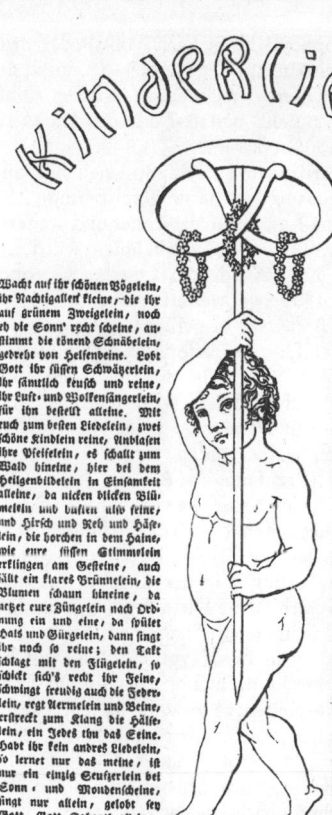

Wacht auf ihr schönen Vögelein, ihr Nachtigallen kleine, – die ihr auf grünem Zweigelein, noch eh die Sonn' recht scheine, anstimmt die tönend Schnäbelein, gedreht von Helfenbeine. Lobt Gott ihr süssen Schwätzerlein, ihr sämtlich keusch und reine, ihr Luft- und Wolkensängerlein, für ihn bestellt alleine. Mit euch zum besten Liedelein, zwei schöne Kindlein reine, Anblasen ihre Pfeifelein, es schallt zum Wald hineine, hier bei dem Heilgenbildelein in Einsamkeit alleine, da nicken blicken Blümelein und duften also feine, und Hirsch und Reh und Häselein, die horchen in dem Haine, wie eure süssen Stimmelein erklingen am Gesteine, auch fällt ein klares Brünnelein, die Blumen schaun hineine, da netzet eure Züngelein nach Ordnung ein und eine, da spület Hals und Gürgelein, dann singt ihr noch so reine; den Takt schlagt mit den Flügelein, so schickt sich's recht ihr Feine, schwingt freudig auch die Federlein, regt Aermelein und Beine, erstreckt zum Klang die Hälselein, ein Jedes thu das Seine. Habt ihr kein andres Liedelein, so lernet nur das meine, ist nur ein einzig Seufzerlein bei Sonn- und Mondenscheine, singt nur allein, gelobt sey Gott, Gott Sabaoth alleine.

Wacht auf ihr kleinen Schülerlein bei hellem Sonnenscheine, zieht an die Festags Röckelein und macht euch auf die Beine, Gregorius das Schulfest heut ist wieder angekommen, auch schlägt der Frühling auf der Haid' die helle Freudentrommen. Ein alter Brauch bei Christen war, daß man zu diesen Zeiten die Kinder all in froher Schaar zu Schul und Kirch thät leiten. Ein Kinderbischoff wählet man, und neben ihm zwei Pfaffen, ihm folgen König, Handwerksmann, Soldat, Hanswurst und Affen So zieht einher ein jeder Stand, in Kleidern schön gezieret, und jedes Kind in seiner Hand sein Handwerkszeug auch führet. Dem Bischoff wird am Hirtenstab die Bretzel vorgetragen, was das für ein Bewandniß hab, merkt auf, ich wills euch sagen. Die Bretzel heißt Pretiolum, ein Preislein für die Kinder, die in der Schule nit sind stumm und dumm gleichwie die Rinder. Sie hat in sich auch die Figur von den Buchstaben allen. Beiß hier, beiß dort auf rechter Spur, gelt das will dir gefallen. Die Bretzel ist ein liebes Buch, du wirst's bald ausstudieren, du kennst's von Weitem am Gernch, und wirst's drum nit verlieren. Du kannst es schon bis zu dem E, wird dirs nit abgenommen, du lerntest also ungemäß, daß du zum W thät'st kommen.

Anhang zum Wunderhorn.

Heidelberg bei Mohr und Zimmer 1808.

enthalten [...], es könnten die bessern Volkslieder drinne befestigt, und neue hinzugedichtet werden« (Schultz, 263). *Alte deutsche Lieder* lautete der Untertitel von *Des Knaben Wunderhorn*, dessen 1. Band bereits Ende des Jahres 1805 (mit der Jahreszahl 1806) erschien.

Die Vorstellung, Arnim und Brentano seien wie Spielleute oder Volksliedsammler herumgereist und hätten mündlich vorgetragene Lieder aufgezeichnet und weiterverbreitet, ist irrig. Bis auf wenige Ausnahmen wurden die *Wunderhorn*-Lieder aus schriftlichen Quellen gewonnen. Dem 1. Band folgten 1808 zwei weitere, wobei dem 3. Band ein Anhang von *Kinderliedern* beigefügt ist, der auch separat vertrieben wurde. Die epochale *Wunderhorn*-Edition Heinz Röllekes (FBA 6–9) konnte zu jedem Lied die benutzten Quellen nachweisen. Dabei wird deutlich, daß die »Herausgeber« Arnim und Brentano beim »Restaurieren« nicht eben zimperlich waren. Indem sie »alte Lieder der Zeit näher rücken« (Brentano an Arnim, Januar 1808; Schultz, 485), »romantisieren« sie die vorgefundenen, oft in Einblattdrucken (»Fliegenden Blättern«), früheren Sammlungen (z. B. von Herder und Elwert) oder Gesangbüchern veröffentlichten Texte, arbeiten in der Regel mehrere Fassungen (oder völlig verschiedene Dichtungen mit ähnlichen Motiven) ineinander, dichten neue Strophen hinzu oder verwandeln einen Prosatext in Lyrik (vgl. G 72–80 mit Erl.). Mit Genugtuung vermerkt Brentano, daß Anselm Elwert, dessen Sammlung die beiden verarbeitet hatten, »der alte Praktikus [...] unsre Restaurationen und Ipsefacten für aecht« hält (an Arnim, Mai 1806; Schultz, 376). Als Johann Heinrich Voß den »Wunderhornisten« in einer polemischen Rezension eine Fälschung nachzuweisen suchte und die wenig veränderten Texte eines Gesangbuchs als Verhöhnung der eigenen Person mißdeutete, antwortete Brentano u. a. mit seinem Text *Zu allem Überfluß an Herrn Hofrath Voß in Heidelberg, daß man keine Kirchenlieder an ihn gedichtet* (FBA 6,363; 9,3, 683) und wies auf die korrekt angegebene Quelle, den *Anmuthigen Blumenkranz aus dem Garten der Gemeinde Gottes* aus dem Jahre 1712 hin. Voß hatte diese Quellenangabe im 3. Band des *Wunderhorn* für eine Fiktion gehalten. Die Manipulationen der *Wunderhorn*-Bearbeiter verbergen sich jedoch in der Regel unter Angaben wie »Mündlich« oder »Aus einer hessischen Spinnstube«, die jeweils auf starke Veränderungen der überlieferten Texte deuten und falsche Fährten für quellenkritische Nachforschungen legen.

Es war insbesondere Brentano, der es verstand, die Vorlagen mit einer »sentimentalischen« Stimmung zu überziehen, ohne den ursprünglichen Text gänzlich zu zerstören. Das Lied *Laß rauschen Lieb, laß rauschen* fügte er aufgrund des Motivs vom »Rauschen« aus Teilen von drei verschiedenen Liedern zusammen (vgl. FBA 9,2, 111) und rundet es mit einer selbstgedichteten Strophe ab (G 73):

Laß rauschen, Lieb, laß rauschen,
Ich weiß nicht, wie mir wird,
Die Bächlein immer rauschen,
Und keines sich verirrt.

In der zweiten Zeile dieser Strophe nimmt der heutige Leser die ambivalente Stimmung Eichendorffscher Lieder wahr, und auch in der dritten und vierten schimmert die Naturauffassung der Romantik durch, die den Quellentexten fremd ist. Das Rauschen wird als Äußerung jener rätselhaften, kaum noch verständlichen Sprache der Natur gedeutet, und der Bach scheint geheime Zeichen zu geben für den Weg der Menschen, die aus der Verirrung und Vereinzelung hinausweisen. Solche diffizilen Fingerzeige und ambivalenten Stimmungen kennt das Volkslied nicht. Es war Brentano, der sie in die vorgefundenen Texte hineinprojizierte und seinen Textmontagen auf diese Weise eine romantische Grundstimmung und tieferen Sinn verlieh. Volksliedartig hatte er selbst ja bereits in seinen »Romanzen« des *Godwi* auch ohne Vorlage gedichtet.

Die Interpolationen sind so geschickt und treffen das Zeitempfinden derart genau, daß der »sentimentalische« Ton als Volksliedton in die Geschichte der deutschen Lyrik einging. Dichtern wie Eichendorff, Heine und Uhland war nicht klar, in welchem Maße Brentano und Arnim »manipuliert« hatten, sie dichteten im gleichen Ton weiter und hielten die Texte des *Wunderhorn* für alte Volksliedtexte. Heine lobt in der *Romantischen Schule* den »sonderbaren Zauber« der Volkslieder, den sie als »Naturerzeugnisse« entfalten, die kein »Kunstpoet« nachahmen könne. Als Muster nennt er ausdrücklich das Lied *Zu Straßburg auf der Schanz* – einen Text, dem Brentano erst jene vermeintlich »unzersetzbare sympathetische Naturkraft« verliehen hatte, die Heine als »Herzschlag des deutschen Volkes« deutet. Die Überschrift des Gedichts – *Der Schweizer* –, das sagenhafte Motiv des Alphorns, das bis ins Rheintal nach Straßburg tönt und bei dem Soldaten so starkes Heimweh auslöst, daß er in den Rhein springen möchte, und die Schuldzuweisung an den Hirtenbuben mit seinem Alphorn: diese Motive stammen von Brentano. Die zugrunde liegenden »Fliegenden Blätter« bieten lediglich die Geschichte eines Deserteurs, der hingerichtet werden soll, seinem Korporal die Schuld gibt und sich in Todesangst an die Himmelskönigin wendet (vgl. FBA 6,136; 9,1, 283).

Dabei hatte bereits eine Rezension Goethes die Wahrheit über die Eingriffe der Herausgeber enthüllt. Arnim war im Dezember 1805 mit dem 1. Band des *Wunderhorn* nach Weimar gereist und hatte mit Goethe »fast über jedes Lied gesprochen«. Dadurch wurde Goethe zu einer Rezension in der *Jenaischen Allgemeinen Literatur-Zeitung* angeregt (vgl. Arnims Bericht an Brentano; Schultz, 316), die im Januar 1806 erschien und tatsächlich eine Charakteristik jedes einzelnen Liedes enthält.[2]

2 Vgl. Goethe, *Sämtliche Werke nach Epochen seines Schaffens. Münchner Ausgabe*, hrsg. von Karl Richter [u. a.], München 1985 ff., Bd. 6,2, S. 602–616.

Goethe, der selbst in Straßburg gemeinsam mit Herder Volkslieder gesammelt und im Ton der Volkslieder Texte wie *Das Heidenröslein* geschrieben hatte, lobt die Sammlung euphorisch und fordert die Bearbeiter zu weiteren Bänden auf. Ausdrücklich bestätigt er – im Sinne der eigenen Praxis – das »Recht« der letzten Bearbeiter an diesen Texten und stellt alle Vorstellungen von einem kollektiven, »mythischen« Ursprung dieser Dichtung in Frage:[3]

> Diese Art Gedichte, die wir seit Jahren Volkslieder zu nennen pflegen, ob sie gleich eigentlich weder vom Volk, noch fürs Volk gedichtet sind, sondern weil sie so etwas Stämmiges und Tüchtiges in sich haben und begreifen, daß der kern- und stammhafte Teil der Nationen dergleichen Dinge faßt, behält und sich zueignet und mitunter fortpflanzt – dergleichen Gedichte sind so wahre Poesie, als sie irgend nur sein kann [...].

Goethe ist klar, daß Anstrengungen eines individuellen Künstlers nötig sind, um aus mündlich tradierten Texten und zersungenen Motiven wieder lebendige Dichtung zu schaffen. Dabei spricht er unvermittelt von »Genie« und nimmt damit einen zentralen Begriff der Straßburger Zeit des Sturm und Drang wieder auf:[4]

> Hier ist die Natur mit der Kunst in Konflikt, und eben dieses Werden, dieses wechselseitige Wirken, dieses Streben scheint ein Ziel zu suchen, und es hat sein Ziel schon erreicht. Das wahre dichterische Genie, wo es auftritt, ist in sich vollendet, mag ihm Unvollkommenheit der Sprache, der äußeren Technik, oder was sonst will, entgegenstehen, es besitzt die höhere innere Form, der doch am Ende alles zu Gebote steht, und wirkt selbst im dunkeln und trüben Elemente oft herrlicher, als es später im klaren vermag.

3 Ebd., S. 614.
4 Ebd., S. 614 f.

Die spätere Ablehnung der *Wunderhorn*-Sammlung durch Klassizisten und Quellenforscher scheint Goethe vorauszusehen, denn er wehrt bereits im ersten Satz der Rezension ab:[5]

> Die Kritik dürfte sich nach unserem Dafürhalten mit dieser Sammlung nicht befassen [...]. Von Rechtswegen sollte das Büchlein in jedem Hause, wo frische Menschen wohnen, am Fenster, unterm Spiegel oder wo sonst Gesang- und Kochbücher zu liegen pflegen, zu finden sein [...].

Vertont und gesungen könnten die Lieder »zum Volke zurück[kehren], von dem sie zum Teil gewissermaßen ausgegangen: so könnte man sagen, das Büchlein habe seine Bestimmung erfüllt, und könne nun wieder, als geschrieben und gedruckt, verloren gehen, weil es in Leben und Bildung der Nation übergegangen«.[6]

Die Prognose sollte sich zum Teil als richtig erweisen; die Hoffnung auf eine Wiederbelebung der Tradition durch die gedruckte Sammlung trog nicht: Auf dem Weg über weitere Bearbeitungen und Vertonungen gelangten zahlreiche *Wunderhorn*-Texte in volksläufige Gesangbücher, und trotz der dann bereits bei Johann Heinrich Voß einsetzenden scharfen Textkritik gelten die Lieder bis heute (abseits der Fachgermanistik) als typische »Volkslieder« und behaupten ihre Popularität, so wie die – ebenfalls romantisierten – Märchentexte der Brüder Grimm bis heute als typisch deutsche, »authentische« Märchentexte gelten, obwohl die Wissenschaft längst die romantische Mythisierung einer europäisch verbreiteten Kunstmärchentradition aufgedeckt hat. Ein »romantisches Kunstwerk sui generis« nennt Heinz Rölleke zu Recht die *Wunderhorn*-Sammlung, die wie kein anderes Buch auf die Entwicklung der deutschen Lyrik im 19. und 20. Jahrhundert eingewirkt hat.

5 Ebd., S. 602 f.
6 Ebd., S. 603.

Brentano und Arnim selbst dichteten im Tone dieser Lieder weiter und griffen auch bei Werken anderer Gattungen vielfach auf ältere Quellen zurück, um sie zu »modernisieren«, zu »romantisieren« und zu neuen Kunstwerken zusammenzufügen. Bei Gedichten sind die benutzten Vorbilder, die als Motiv-Steinbruch für die Imagination dienten, in der Regel nicht angegeben, und es ist nur in wenigen Fällen gelungen, die Vorlagen der Lyrik zu ermitteln. Die Bibliothek Brentanos ist nach den Versteigerungskatalogen (publiziert von Bernhard Gajek) rekonstruierbar, Arnims Bücherschatz sogar weitgehend (in der Herzogin Anna Amalia Bibliothek in Weimar) erhalten. Beide Sammlungen sind jedoch so umfangreich, daß eine systematische Durchforschung nach Quellen kaum zu realisieren ist. Oft sind es nur einzelne Motive, die Brentano umfangreichen Folianten entnimmt. Wie bei der Bearbeitung der *Wunderhorn*-Lieder verschmelzen in seiner Phantasie Elemente heterogener Dichtungen aus verschiedenen Zeitaltern zu einem neuen Kunstwerk. Begriffe wie »Kontamination« (Heinz Rölleke und Helene Kastinger Riley) oder »Quellenanverwandlung« (Brigitte Schad) können diesen Schöpfungsprozeß, der für Brentanos gesamtes Schaffen charakteristisch ist, kaum angemessen bezeichnen. Literatur lebt im 19. Jahrhundert aus Literatur, aber um aus einer »Bearbeitung« oder »Modernisierung« eines überlieferten Textes ein neues Gedicht zu schaffen bedarf es – wie Goethe zutreffend bemerkte – einer Portion »Genie«.

Neue Töne gewann Brentanos Lyrik in der Berliner Zeit, als er sich im Umfeld der Neupietisten auf den katholischen Glauben zurückbesann und – fast zur selben Zeit wie sein Bruder Christian – eine Generalbeichte ablegte. Die lyrischen Texte, die in dieser krisengeschüttelten Phase entstehen (vgl. FBA 3,1; 3,2), zeugen mehr vom Ringen um den Glauben als von Glaubensgewißheit. Oft sind die Gedichte in Briefe an Luise Hensel integriert. Brentano hatte die protestantische Pfarrerstochter (deren später entstandene gebetsartige Dichtung *Müde bin ich geh zur Ruh* bis heute einige Popularität behielt), im neupietistischen Kreis der Brüder Gerlach in Berlin kennengelernt und versuchte das junge Mädchen zugleich zur Konversion und zur Annahme seines Liebeswerbens zu bewegen. Als Autor religiös-mystischer Lyrik entdeckte er in dieser Zeit den Jesuitendichter Friedrich Spee (1591–1635), von dem er 1817 die *Trutznachtigal* mit einem Widmungsgedicht an Luise Hensel herausgab. Dem Ton und der Metaphorik solcher barock-religiöser Texte sind einige Gedichte Brentanos verpflichtet – z. B. das *Wiegenlied eines jammernden Herzen* (G 130), dessen Titel lange Zeit fälschlich für eine »Zugabe« postumer Editionen gehalten wurde. Eher volkstümlich gerät die Ballade *Die Gottesmauer* (G 160). Sie berichtet von dem »armen Mütterlein«, das vor den Übergriffen marodierender Soldaten durch eine in der Nacht aufgetürmte Schneemauer gerettet wird.

Brentano sah seine Aufgabe nach der Generalbeichte als »Schreiber«, er begab sich auf die Suche nach wunderbaren Erscheinungen, die er im Sinne dieser Erweckungsbewegung dokumentieren wollte, und stellte damit seine dichterischen Fähigkeiten fast ausschließlich in den Dienst der »katholischen Propaganda« (wie Heine in seiner *Romantischen Schule* formulierte). Dabei bewahrte er allerdings Distanz zu den kirchlichen Instanzen und Dogmen und orientierte sich an dem Religionsverständnis des liberalen Regensburger Bischofs Johann Michael Sailer (1751–1832) und des Publizisten Joseph Görres, die beide eine große Ausstrahlung entwickelten und mit einer Mehrheit im Klerus immer wieder in Konflikt gerieten. Beide kannte Brentano bereits aus früher Zeit: Görres vom Gymnasium in Koblenz und aus der gemeinsamen Zeit in Heidelberg, Sailer seit seinem Aufenthalt in Landshut 1809.

Zwischen 1818 und 1824 widmete Brentano sich fast ausschließlich der Aufzeichnung von »Visionen« der stigmatisierten (ehemaligen) Augustiner-Nonne Anna Katharina

Emmerick. Während dieser Zeit entstand – nachdem Luise Hensel sich seinen religiös-erotischen Werbegedichten standhaft widersetzt hatte – in erster Linie »bestellte Poesie« (vgl. diesen Gedichttitel, G 145). Brentano wollte mit seiner Dichtung einem guten Zweck dienen, er veröffentlichte beispielsweise *Das Mosel-Eisgangs-Lied* (1830; W 1, 505–522), um mit dem Ertrag den vom Eisgang der Mosel schwer geschädigten Dorfbewohnern von Lay zu helfen. Texte dieser Art kommen jedoch über handwerklich einwandfreie Gelegenheitsreimereien nicht hinaus.

Der Schwerpunkt seiner Arbeit lag nun im Bereich der religiösen Prosa, und erst die Bekanntschaft mit der Basler Malerin Emilie Linder führte dazu, daß Brentano wieder »weltliche«, z. T. geradezu erotische Liebeslyrik schrieb. Dic Gedichte blieben jedoch seinem privaten Briefwechsel mit der Freundin vorbehalten und wurden erst im 20. Jahrhundert veröffentlicht. Die artistische Perfektion der frühen Gedichte erreicht auch diese Lyrik nicht mehr.

Romanzen vom Rosenkranz

Über einen Zeitraum von zehn Jahren (1802–12) arbeitete Brentano an seinem Fragment gebliebenen Versepos, den *Romanzen vom Rosenkranz*. Neunzehn Romanzen, deren Form den spanischen Versos redondillos nachgebildet ist, konnte er fertigstellen, womit jedoch nur ein Bruchteil der geplanten Geschichte über die Entstehung des Rosenkranzes ausgeführt ist (FBA 10). Jede dieser Romanzen besteht aus Quartetten mit vierhebigen Trochäen, die in der ersten und dritten, zweiten und vierten Zeile auf bestimmte Vokale reimen oder assonieren. Das bedeutet, die gesamte erste Romanze (128 Verse) ist vom Klang der Vokale *ü* (1. und 3. Zeile jeder Strophe) und *a* bestimmt, die zweite (220 Verse) von *a* und *o*, die dritte (268 Verse) von *u* und *a* usw. Eine Renaissance dieser wohlklingenden Versform hatte Ludwig Tieck mit der Romanze *Die Zeichen im Walde* im *Musenalmanach* von 1802 und dem Prolog *Der Aufzug der Romanze* im *Kaiser Octavianus* (1804) ausgelöst. 1805 folgte die Übertragung des Romanzenzyklus *Cid* von Herder.

Seinen *Romanzen vom Rosenkranz* stellte Brentano eine autobiographische Einleitung in Terzinen voran (FBA 10,3–15), in denen er die Erlebnisse seiner Kindheit und Jugend ähnlich stilisiert wie in der *Scene aus meinen Kinderjahren* des *Godwi* (FBA 16,167–174). Er versieht die handschriftlich überlieferten 283 Verse mit der Überschrift *Anfang einer Selbstbiographie in terze rime als Einleitung zu den Romanzen vom Rosenkranz*. Das Fragment berichtet ausschließlich von den Kindheitserfahrungen im Haus zum Goldenen Kopf und endet nach der Firmung. Zur Strafe für seine tränenreichen Träume wird dem Jungen, dem »die Liebe starb, die Hoffnung und der Glauben« (V. 247), das

Abendbrot entzogen, und er wird in die Gemäldegalerie des Brentano-Hauses geführt, die ihm Angst einjagt (V. 266–268):

> Und als ich weinte, bracht man mich hinaus,
> Im dunkeln Garten Saal voll Mahlereien
> Der immer mich erfüllet hat mit Graus.

Den komplexen Inhalt der Romanzen faßt Brentano in einem Brief an Philipp Otto Runge lakonisch zusammen:

> Das ganze ist ein Apogryphisches Gedicht über die Erfindung des Rosenkranzes, eine Reihe von Romantischen Fabeln, in welcher sich eine schwere Alte Erbsünde nothwendig mit der Entstehung des Rosenkranzes lößt. (FBA 32,262 f.)

Der in den ausformulierten Romanzen nicht geschilderte Anfang der Geschichte muß aus den Paralipomena rekonstruiert werden.[1] Die Geschichte beginnt mit der Flucht der heiligen Familie aus Ägypten. In einer Herberge werden die Flüchtlinge erkannt und sollen ermordet werden. Der Knabe Agnuscastus schenkt ihnen sein Lamm und seine Nachtigall und verrät den Mordplan. Lilith, die Wirtstochter, versucht die Tat zu verhindern, doch ihr Bräutigam, der ein Abgesandter des Herodes ist und dessen Ring trägt, durchkreuzt ihre Pläne und stiehlt den Trauring Marias. Lilith kann die heilige Familie vor ihrem Bräutigam schützen und sie zur raschen Flucht bewegen, zuvor schenkt sie Maria einen Rosenstock von Jericho ohne Blüten. In den Händen Marias erblühen drei Rosen, gold, rot und weiß, und sie prophezeit, daß der Diebstahl ihres Ringes erst gesühnt wird, wenn »die drei Rosen sich zu einem Ring ver-

1 Die folgende Inhaltsangabe zum Romanzenkomplex formulierte Kristina Hasenpflug. Die Zusammenfassung der diffizilen Vorgeschichte gelang Alphons Maria von Steinle in der von ihm 1912 besorgten Ausgabe der *Romanzen vom Rosenkranz* am überzeugendsten.

einigt haben werden«. Jesus prophezeit dem Knaben Agnuscastus, er werde ewig Kind bleiben und, wenn das Geschlecht Liliths ausgestorben sei, den Ring der Mutter Gottes wiederfinden.

Lilith geht mit ihrem Bräutigam nach Ägypten. Sie zeugen ein Geschlecht von Philosophen, aber auch die Zigeuner stammen von ihnen ab. An ihre Nachkommen vererben sie von Generation zu Generation den Ring Marias und den des Herodes, die Symbole für das Gute und Böse. Nach einem Zeitsprung von 1200 Jahren wird die Geschichte weitererzählt. Nun beginnt eine vom wiederholten Inzest geprägte Genealogie, in die Brentano die verschiedensten Sagen – wie beispielsweise die vom Tannhäuser – verwoben hat. Am Ende stehen die aus einer Geschwisterehe stammenden Brüder Apo und Kosme. Apo trägt den Ring des Herodes und lebt als Arzt und Magier in Bologna. Sein Bruder Kosme trug als Knabe den Ring Marias und hatte ihn im Spiel einer Venus-Statue an den Finger gesteckt. Es gelang ihm nicht mehr, den Ring zurückzuziehen, denn die Figur hatte den Finger gekrümmt. Nach der folgenden von schweren Träumen bestimmten Nacht fand er am nächsten Morgen den Ring der Venus an seiner Hand. Er wird Maler und heiratet die ebenfalls aus einer inzestuösen Verbindung stammende Sängerin und Tänzerin Rosalaeta. Sie haben drei Söhne, Jakopone, Meliore und Pietro. Kosme verläßt sie jedoch wegen ihrer Schwester, der Nonne Rosatristis, die ihm in einem Kloster für ein Madonnengemälde Modell sitzt. Ihre beiden ältesten Töchter, Rosarosa und Rosadora, werden ausgesetzt. Rosarosa wird von der Frau eines Arztes in Bologna erzogen und unterrichtet später in einem Klarissenkloster. Ihre jüngere Schwester Rosadora wird von ihrer Tante Rosalaeta aufgenommen. Sie nennt sie Biondetta und erzieht sie zur Schauspielerin. Vor ihrer dritten Niederkunft kehrt Rosatristis voll Reue ins Kloster zurück, wo sie bei der Geburt ihrer Tochter Rosablanka stirbt. Alle drei Töchter tragen ein goldenes Mal in Form einer Rose auf dem Herzen. Kosme erfährt das Geschehen im Traum, nimmt Rosablanka zu sich und lebt fortan als Einsiedler, um Buße zu tun. An diesem Punkt der Geschichte setzen die ausgeführten Romanzen ein.

Ort der Handlung ist das Bologna des 13. Jahrhunderts. Hier leben Apo und Kosme sowie Kosmes Kinder, die jedoch nicht wissen, daß sie miteinander verwandt sind. Die erste Romanze berichtet von einem Traum Rosablankas. Sie geht vor Sonnenaufgang in den mit Rosen bewachsenen Garten der Einsiedelei, wo sie der Schlaf überfällt. Im Traum erscheint ihr ein Jüngling, dem sie einen Blumenkranz windet. Er sagt, er müsse zur Sühne des Sündenfalls in der Erde graben. Bevor sie ihm den Kranz geben kann, verschwindet der junge Mann in einer Grube. Sie will die Blumen hineinwerfen, doch es züngelt ihr eine Schlange entgegen. Rosablanka betet entsetzt zu Maria, die ihr als Aurora erscheint und die Schlange zertritt. Ihr schenkt Rosablanka den Blumenkranz.

Wie nun ihr Vater Kosme den Tag beginnt, erzählt die zweite Romanze. Im Garten gedenkt er der Schuld, die er auf sich geladen hat, denn es ist der 'Todestag Rosatristis'. Seine Tochter tritt zu ihm und erzählt ihren Traum, der ihn beunruhigt. Er schickt sie mit Rosen und Kerzen nach Bologna, wo sie eine Messe für ihre Mutter lesen lassen soll.

Die dritte Romanze verlegt den Schauplatz in die Stadt. Der Student Meliore ist in die Schauspielerin Biondetta verliebt. Auf dem Weg zu ihrer Wohnung reflektiert er die Anschauungen seines Lehrers, des berühmten Mediziners und Magiers Apone. Auf dem Platz vor Biondettas Wohnung steht unter einer Linde ein Brunnen und ein Marienaltar, dort kniet er im Gebet nieder, als Rosablanka zu ihm tritt. Sie erkennt in ihm die Jünglingsgestalt aus ihrem Traum und entdeckt ihre Liebe für ihn. Meliore gesteht ihr seine Liebe zu Biondetta, und gemeinsam winden sie aus Rosablankas mitgebrachten Rosen einen Kranz für die Madonna. Währenddessen ertönt aus Biondettas Fenster ein ergreifendes Ave Maria. Plötzlich naht Apone begleitet von einer Schar Studenten. Rosablanka entfernt sich. Meliore erbittet von Apone das Rezept für einen Liebestrank, doch Apone, der selbst Biondetta begehrt, verhöhnt ihn.

Rosablanka kehrt in der vierten Romanze zur Mittagszeit zurück zum Platz vor Biondettas Wohnung. Am Brunnen ruht ein kleiner blonder Knabe mit einem Lamm, dem Rosablanka Essen anbietet. Biondetta beobachtet die Szene und singt dazu. Von dem Gesang verzaubert, bemerkt Rosablanka nicht, daß das Lamm des Knaben ihr Brot frißt. Biondetta lädt sie daraufhin zu sich ein und erzählt von ihrem Leben. Sie kündigt an, daß sie bald der weltlichen Kunst entsagen wolle, um den Nonnenschleier zu nehmen.

Die fünfte Romanze berichtet von einem Duell zwischen Meliore und den Anhängern Apos, das vor Biondettas Wohnung ausgetragen wird. Apone schreitet ein und disputiert mit Meliore über die Bedeutung eines Gemäldes, das der Student als Allegorie der drei Fakultäten interpretiert. Seine Auslegung impliziert herbe Kritik an Apone und seinen Lehren. Daraufhin läßt ihn der Magister einkerkern. Biondetta und Rosablanka haben die Szene ängstlich verfolgt, nun macht sich die jüngere auf den Heimweg.

Der Weg führt sie in der sechsten Romanze am Garten Pietros vorbei, der ihr seine Liebe gesteht. Er möchte sie heiraten und malt ihr das zukünftige Leben in seinem paradiesischen Garten aus. Doch Rosablanka denkt an ihren Traum, aus dem sie dunkel einen Zusammenhang von Liebe und Schuld erahnt, und beschließt, ihr Leben Gott zu weihen. Mit der Abenddämmerung verläßt sie Pietro.

Die siebte Romanze widmet sich den reumütigen Gedanken, die Kosme an diesem Abend hegt, bis ihn seine heimkehrende Tochter findet.

Die achte Romanze (in W Nr. 9) spielt auf einem Turm, der Apone als Laboratorium und Sternwarte dient. Apone beschreibt sein dualistisches Weltbild, das durch den ewigen

Streit von Licht und Dunkel bestimmt wird. Durch einen Zauber setzt er das Theater in Brand, der jedoch dank Meliore und Jakopone gelöscht werden kann. Sein Famulus Moles kehrt zwar ohne Biondetta zurück, jedoch mit einem Buch, das alle Geheimnisse des Lebens enthält. Moles enttarnt sich als Dämon und berichtet in der neunten Romanze (in W Nr. 10) von der Schöpfung der Welt.

Die glanzvolle Abschiedsvorstellung Biondettas ist Thema der zehnten Romanze (in W Nr. 8). Ausführlich wird von der Aufführung eines religiösen Singspiels berichtet, an dessen Ende ein Feuer im Theater ausbricht. Biondetta soll von einem dämonischen Famulus des Apone entführt werden, doch Meliore rettet sie aus seinen Armen. Sie dankt ihrem Retter und erzählt ihm von einem Traum, in dem ihr die Erlösung von einer Schuld verhießen wurde, jedoch müsse Meliore der irdischen Liebe entsagen. Erschüttert geht er davon.

Die Geschichte von Jakopone und Rosarosa erzählt die elfte Romanze. Am Tage seines juristischen Examens begegnet Jakopone Rosarosa und verliebt sich in sie. Während der Examensfeier stiehlt er sich davon, um sie zu suchen, und findet sie in Gesellschaft eines kleinen blonden Knaben orgelspielend im Kloster. Sie verloben sich und heiraten kurz darauf. Rosarosa bittet, den Tag der Hochzeit noch im Kloster verbringen zu dürfen. Als sie jedoch am Abend nicht in ihr neues Zuhause kommt, sucht sie Jakopone. Er findet sie badend in der Klosterquelle in Gesellschaft des Knaben, der sie eindringlich ermahnt, ihren Leib dem Herrn zu bewahren. Der eifersüchtige Jakopone mißversteht die Situation und will seine junge Frau ermorden. Sie flüchtet sich zu ihrer toten Mutter in die Katakomben des Klosters, wo ihr eine unsichtbare Hand die Locken schert und einen Bußgürtel anlegt. Jakopone läßt sich durch den Mönch Benone beschwichtigen, und sie leben glücklich, aber keusch mehrere Jahre. Am Abend der Abschiedsvorstellung Biondettas überredet Jakopone seine ansonsten zurückgezogen lebende

Frau, ihn ins Theater zu begleiten, wo sie bei einem Brand tödlich verletzt wird.

Die zwölfte Romanze behandelt ausführlich die Geschehnisse an Rosarosas Totenbett. Biondetta besucht die Sterbende und findet dort den kleinen blonden Knaben, der sich als Agnuscastus zu erkennen gibt und ihre Verwandtschaft und damit auch Biondettas wahren Namen, Rosadora, enthüllt. Auch der Geist ihrer Mutter Rosatristis erscheint. Jakopone läßt nach Apo rufen, der sie heilen soll. Doch Rosarosa will lieber sterben, bevor sie sich den Schwarzen Künsten anvertraut. Ihre Schwester unterstützt sie und wird dafür von Apone verflucht. Vor seinem Einfluß wird sie schließlich durch den herbeieilenden Mönch Benone gerettet, der ihr die letzten Sakramente spendet.

In der dreizehnten Romanze will Apo Meliore zu einer Liebesnacht mit Biondetta überreden, die er mit einem Liebeszauber verführen will. Als Meliore sich weigert, läßt Apo, der sich nun zu seinen dämonischen Kräften offen bekennt, eine Schlacht in Bologna beginnen. Meliore wird im Kampf schwer verwundet.

Biondetta findet in der vierzehnten Romanze Meliore, den ein mit einem Liebeszauber vergifteter Degen verwundet hat. Sie saugt seine Wunde aus, wird nun selbst verzaubert und singt eine erotische Paraphrase des Hohenliedes. Nur das Bild ihrer Mutter schützt sie vor dem Inzest mit Meliore.

Kosme ist in der fünfzehnten Romanze schwer erkrankt. Rosablanka möchte ihn nach den Anweisungen Apones, der Kosme untersucht hat, pflegen. Doch ihr Vater lehnt dies ab, denn er erkennt, daß sein Bruder unter dem Einfluß des Bösen steht, und verlangt nach dem Mönch Benone. Auf dem Weg nach Bologna sieht Rosablanka Pietros Haus in Flammen stehen. Er wollte sich aus verschmähter Liebe das Leben nehmen, doch sie kann ihn zur Vernunft bringen. Gemeinsam gehen sie in die Stadt.

In der sechzehnten Romanze entdeckt Rosablanka die Verwüstungen in der Wohnung Biondettas. Der Knabe Agnuscastus erscheint und führt sie an die Totenbahre Rosarosas ins Klarissenkloster. Dort trifft sie Meliore. Wieder fühlt sie sich zerrissen von der Liebe zu ihm und einer dunkel erahnten Schuld. Meliore beichtet dem Mönch Benone die vergangene Nacht bei Biondetta und erhält die Absolution. Rosablanka offenbart in der Beichte ihr Verlangen nach Meliore und soll zur Buße dem Leichenzug Rosarosas barfüßig folgen.

Die siebzehnte Romanze berichtet, wie Apo mit Hilfe des bösen Geistes Samael versucht, Biondetta für sich zu gewinnen. Da Biondetta unschuldig ist, wie Samael enthüllt, kann Apo sie erst erobern, wenn sie Schuld auf sich geladen hat. Die einzige Sünde, für die sie empfänglich sei, wäre die Blutschuld. Da Apo ihr Onkel ist, fordert er die »Lust der Blutschuld« für sich selbst und lockt sie durch einen Zauber in seinen Turm. Durch eine Nachlässigkeit entflieht der böse Geist vorzeitig, so daß der Zauber seine Wirkung verliert. Biondetta ersticht sich, um der Sünde zu entgehen.

Der Geist Rosarosas erscheint, um die Seele Biondettas in der achtzehnten Romanze ins Jenseits zu geleiten. Apo hält an seinem inzestuösen Vorhaben fest und versucht durch Magie den Leib Biondettas am Leben zu erhalten. Als er sie entkleidet hat, muß er feststellen, daß der Geist ihrer Schwester die Leiche durch einen Keuschheitsgürtel geschützt hat. Keine Schwarze Kunst vermag den Gürtel zu lösen, daher fährt der Dämon Moles in den Körper Biondettas und reanimiert sie. Die besessene Leiche gebärdet sich wie eine Hure. Nun erinnert sich Moles an ein Horoskop, das ihm und seinem Meister den Untergang durch drei Rosen weissagte. Da Rosarosa in die Seligkeit eingegangen ist und sie Biondetta in ihrer Gewalt glauben, gilt es nun, die dritte Rose zu überwinden. Dazu benötigen sie das

Buch der Schöpfungsgeheimnisse, doch die entsprechenden Seiten fehlen. Rosarosas Leichenzug, den sie nicht versäumen wollen, unterbricht ihren Ratschluß.

Die letzte ausgeführte Romanze beschreibt den prächtigen Trauerzug Rosarosas. Ganz Bologna erweist der tugendhaften Frau des erfolgreichen Jakopone die letzte Ehre. Rosablanka folgt der Leiche als Büßerin, mit ihr gehen Meliore und Pietro. Die besessene und vulgär geschmückte Biondetta erregt an der Seite Apones Aufsehen und Entsetzen. Bei ihrem Anblick bricht Meliore zusammen, und Jakopone fordert Apo auf, sich zu entfernen. Die Romanze schließt unter der Linde vor Biondettas Wohnung, wo Rosablanka an der Seite Meliores trauert und von dem eifersüchtigen Pietro beobachtet wird.

Brentano hat diese komplizierte Geschichte mit zahlreichen Anspielungen auf Verwandte und Bekannte angereichert und ein kaum entschlüsselbares Beziehungsgeflecht angelegt, das Züge einer geradezu modern anmutenden, hermetischen Privatmythologie entwickelt. Deutlich sind die Anspielungen auf Friedrich Karl von Savigny, den großen Rechtsgelehrten, Freund und Schwager Brentanos. Es ist Jakopone, der in den *Romanzen* mit dem Dissertationsthema Savignys in Verbindung gebracht wird.

> Mit Apo ist nach Brentanos Absicht einerseits der Frankfurter Geheimrat Johann Jakob von Willemer gemeint, der 1803 die Schauspielerin Marianne Jung als Adoptivtochter in sein Haus genommen hatte; anderseits lassen die von Apo vertretenen Lehren eine deutliche Verwandtschaft mit denen des jungen Philosophen Friedrich Wilhelm Schelling erkennen.
>
> (W 1,1220)

Marianne Jung wird in Biondetta abgebildet, und Rosablanka ist nach Brentanos Bekunden das in den Einleitungsterzinen erwähnte unbekannte Mädchen aus seiner Jugendzeit (vgl. ebd., 1219).

Inwieweit das Inzestthema und die damit verbundenen Schuldgefühle ebenfalls autobiographisch zu deuten sind, da Brentano selbst eine sehr intensive Beziehung zu seiner Schwester Bettine entwickelt hatte, ist schwer zu entscheiden.

Die biographischen Anspielungen bilden jedoch nur eine Schicht der Romanzendichtung, und eine Deutung als »Schlüsseldichtung« faßte zu kurz. Brentano stellt die Figuren nicht psychologisierend dar, sondern läßt sie wie mythische Figuren agieren. Es bleibt der Eindruck einer atmosphärisch dichten, düster-sinnlichen Stimmung, die über dem Ganzen lastet und ihre tiefere Ursache in einer verdeckten Schuld der handelnden Personen hat. Diese Stimmung korrespondiert mit den Klangwirkungen der Romanze, so daß Brentanos Fragment des Romanzenzyklus trotz aller Verschrobenheiten und hermetischen Tendenzen als Meisterwerk der deutschen Romantik gelten kann. Während Heine seine Romanzen zu handlungsreichen, dramatischen Heldengedichten ausbaut, die historische Themen politisch-satirisch verarbeiten, gelingt es Brentano, seine Romanzentexte in atmosphärisch dichte lyrische Klanggebilde zu verwandeln, die Liebe und Leidenschaft, Schuld und Sühne in mythischen Dimensionen darstellen.

Von Philipp Otto Runge erhoffte sich Brentano Randzeichnungen für das im Entstehen begriffene Werk (vgl. S. 187). Für ihn schrieb er sieben Romanzen ins Reine (in FBA 10,17–193 im Paralleldruck) und erläuterte in einem großen Bekenntnisbrief seine Pläne und ästhetischen Vorstellungen. Die ablehnende Haltung des Künstlers dürfte ein Grund dafür gewesen sein, daß Brentano die Lust an seinem Romanzenprojekt verlor. Ähnlich wie bei den Märchen hatte er den Rahmen wohl allzu weit gesteckt. Um aus den Romanzen eine für den Leser verständliche Geschichte zu entwickeln, hätte die gesamte Vorgeschichte referiert werden müssen. Gerade diese pflegte Brentano zwar effektvoll vorzutragen – wie Eichendorffs Tagebuch des Jahres 1810 und die Aufnahme des zentralen Venus-Ring-Motivs in dessen Erzählung *Das Marmorbild* und in dem Gedicht *Die zauberische Venus* des Bruders Wilhelm belegen –,[2] brachte sie jedoch nie in den Kontext der ausgeführten Romanzen ein.[3]

2 Joseph von Eichendorff, *Werke in 6 Bänden*, hrsg. von Wolfgang Frühwald, Brigitte Schillbach und Hartwig Schultz, Frankfurt a. M. 1985–93, Bd. 5, S. 288: Tagebuch; S. 533: Erzählungen; Bd. 1, S. 555: Wilhelms Gedicht.

3 Eine erhellende Interpretation zu den *Romanzen vom Rosenkranz* bietet Schmidt (B 2: 1991, 75–127).

Epik

Der Roman *Godwi*

Der Roman gehört zu den frühen Werken Brentanos, die unter dem unmittelbaren Einfluß der Jenaer Frühromantik entstanden. Seit Juni 1798 war Brentano in Jena als Student der Medizin immatrikuliert; bereits in diesem Sommer begann er mit der Arbeit am 1. Band des *Godwi*, der dann zur Jahreswende 1800/1801 erschien (vgl. FBA 16,582 f.). Bei der Arbeit am 2. Teil (September 1800 bis August 1801) war Brentano (nach dem Bruch mit Sophie Mereau) bereits aus Jena abgereist und hielt sich bei seiner Frankfurter Familie, auf dem Landgut Friedrich Karl von Savignys (Gut Trages bei Hanau) und ab Mai 1801 in Göttingen auf. Anspielungen auf dieses persönliche Umfeld – auf die Dorfstruktur von Trages mit dem Teich (»Seite 266 im ersten Bande«; vgl. ebd., 379), auf das Kontor der Frankfurter Firma und die Geschwister – durchziehen diesen 2. Band, der bereits im November 1801 gedruckt vorlag. In einer Hymne *An S.* bezieht sich Brentano auf den Tod der Schwester Sophie, die am 19. September 1800 auf Wielands Gut Oßmannstedt (nahe Weimar) an »Nervenfieber« (vermutlich Typhus) gestorben war. Der Erfolgsschriftsteller Wieland, der bereits mit der Großmutter Sophie von La Roche verlobt gewesen war und seine Verehrung auf die Enkelin Sophie übertragen hatte, half dem jungen Autor Brentano, einen Verleger für den Roman zu finden. Brentano ging jedoch bald – wie die Jenaer Freunde aus dem Kreis der Frühromantiker – auf Distanz zu Wieland und verbat sich eine Vorrede aus seiner Feder.

Die später mit Brentanos Freund Friedrich Karl von Savigny verheiratete Schwester Kunigunde erscheint im

Godwi als »Blonde«, Bettine (später Arnims Frau) als »Rabenschwarze«. Der befreundete Tasso-Übersetzer Diederich Gries (1775–1842), mit dem Brentano gemeinsam einige Tage in Trages verbrachte, diente als Modell für den Dichter Haber (weitere Anspielungen: ebd., 596 f.).

Die Anregung, Autobiographisches in der Dichtung zu verarbeiten (»Im Godwi steht mein Schicksal laut geschrieben«, behauptet er selbst in einem Brief an Arnim Weihnachten 1802; Schultz, 79), aber auch die Technik, im Kunstwerk »willkürlich« eine »künstliche Verwirrung« zu stiften, entnahm Brentano den Thesen Friedrich Schlegels. Bereits der – positiv gemeinte – Untertitel des *Godwi*: »ein verwilderter Roman«, nimmt die Begriffe der Frühromantik auf, die teils in Friedrich Schlegels Roman *Lucinde* – dort ist von »Verwilderung« die Rede, und die Kunst erscheint als ein produktives Chaos –, teils in der Zeitschrift *Athenäum* programmatisch und provokativ formuliert sind: »Brentano realisiert in seinem Roman, was F. Schlegel im *Gespräch über die Poesie* (1800) als ›jenen großen Witz der romantischen Poesie‹ bezeichnet, ›der nicht in einzelnen Einfällen, sondern in der Construction des Ganzen sich zeigt‹: die ›künstlich geordnete Verwirrung‹, die ›reizende Symmetrie von Widersprüchen‹ und den ›Wechsel von Enthusiasmus und Ironie‹ (*Athenäum* III/1, S. 102)« (Werner Bellmann, FBA 16,600).

Wie Schlegel für den Roman – als Form der neuen Poesie – fordert, ist der *Godwi* ein »Selbstbekenntnis des Verfassers, der Ertrag seiner Erfahrung, die Quintessenz seiner Eigenthümlichkeit« (*Athenäum* III,1,126), »gemischt aus Erzählung, Gesang und andern Formen« (*Brief über den Roman*; ebd., 124). Nach Meinung der Schlegel-Tieck-Gruppe »überzieht« Brentano mit dem *Godwi* jedoch die frühromantischen Theorien. Er benimmt sich wie ein Schüler, der – nicht ohne (Selbst-)Ironie und zum Spott seiner Lehrmeister – die Forderungen des »Meisters« Schlegel allzu ernst nimmt und die Theorie damit in der dichterischen Praxis ad absurdum führt. Nur so ist das Distichon zu verstehen, das Friedrich Schlegel Brentano in ein Exemplar des Romans schrieb:

Hundert Prügel vorn A– die wären Dir redlich zu gönnen,
Fr. Schl. bezeugts, andre Vortrefliche auch.

(FBA 16,606)

Brentano will »von Teufels Gewalt satirisch sein« und »schämt sich seiner sentimentalen Ader«, beobachtet Dorothea Veit (Friedrich Schlegels Gefährtin und spätere Frau) in einem Brief an Friedrich Schleiermacher (16. Juni 1800; ebd., 583 f.). Caroline Schlegel lobt besonders die lyrischen Einlagen (vgl. S. 34), die in ihrer Qualität den Prosakontext weit übertreffen.

Einzelne Elemente des Romans gehen auf die von den Romantikern zunächst hochgeschätzten Werke Goethes zurück: Nach dem Vorbild des *Werther* (1774) konzipiert Brentano den 1. Teil als Briefroman, wobei jedoch (anders als in Goethes Roman) die unterschiedliche Perspektive einer Reihe von Briefschreibern genutzt wird. Wie in *Wilhelm Meisters Lehrjahren* (1795–96) wird der epische Text mit Gedichteinlagen durchsetzt, und Brentanos Figuren des Greises Werdo und des Italienerknaben Eusebio sind dem Harfner und der Mignon aus dem Roman Goethes nachgebildet. Friedrich Schlegel hatte die beiden als »heilige Familie der Naturpoesie« bezeichnet, Novalis Goethe einen »wahren Statthalter des poetischen Geistes auf Erden« genannt. Im Gegensatz zu Goethe versucht Brentano jedoch (nach Friedrich Schlegels Theorie von einer »progressiven Universalpoesie« im *Athenäum*-Fragment 116) eine Mischung aller Gattungen und führt auch Dramenstrukturen, Tagebuchnotizen, Aphorismen und Gedichte anderer Autoren ein. Zugleich stiftet er jene »künstliche Verwirrung«, die eine knappe Wiedergabe des »Inhalts« nahezu unmöglich macht.

Im 1. Teil berichtet Karl Godwi seinem Halbbruder Karl Römer von seiner Bekanntschaft mit der sinnlichen Molly (die einige Züge von Sophie Mereau trägt, die von Friedrich Schlegel und Clemens Brentano verehrt wurde und – nach einer Phase der Trennung und Wiederversöhnung – im November 1803 Brentanos Frau wurde). Dem Antwortbrief des Freundes folgt ein Brief, in dem die Haustochter Joduno von Eichwehen an ihre Freundin Otilie Senne von ihrer Beziehung zu einem jungen Mann (Karl Godwi) berichtet. Joduno wird im Roman später auch Claudia genannt und ist als Abbild der Frankfurter Erzieherin im Haus zum Goldenen Kopf (Claudine Piautaz) zu identifizieren, die Brentano verehrte und 1803 auch mit einem Schattenspiel (FBA 12,879–908) und dem Privatdruck *Claudia* (W 1,154) zum Geburtstag überraschte. In einem langen Brief an Römer rechtfertigt Godwi seine antibürgerliche Haltung, die weitgehend mit den Auffassungen korrespondiert, die Brentano in einem Brief an seinen Vormund und Stiefbruder Franz im Dezember 1798 formuliert hatte (vgl. FBA 29,146). Godwi steht zwischen der unbürgerlichen, leichtlebigen, geheimnisvollen Molly und der unsinnlichen, edlen Joduno (vgl. FBA 16,47), er wird auch von Otilie angezogen und heiratet schließlich Violetta (nach einer Affäre mit deren Mutter), die jedoch bald stirbt.

Eine Entwicklung des Helden im Sinne eines Bildungsromans ist nicht erkennbar, eher trifft zu, was Eichendorff 1847 schreibt:[1]

> Dieser Roman enthielt schon damals (1801 und 1802) ungefähr alle Elemente, womit die jetzige Literatur als mit neuen Erfindungen prahlt: Weltschmerz, Emanzipation des Fleisches und des Weibes und revolutionäres Umkehren der Dinge. [...] sodann überkommt den

1 Joseph von Eichendorff, *Über die ethische und religiöse Bedeutung der neueren romantischen Poesie in Deutschland*, in: *Werke* (s. S. 60, Anm. 2) Bd. 6, S. 184 f.

Dichter selbst mitten in dieser Verwirrung die tödlichste Langeweile, Ekel und Abscheu davor, und er vernichtet sofort, was er im ersten Bande geschaffen, im zweiten Bande schonungslos wieder durch die bitterste Ironie.

Das Beziehungs- und Verwandtschaftsgeflecht der Personen, das erst im 2. Band aufgehellt wird, läßt sich in einem Schema folgendermaßen darstellen:

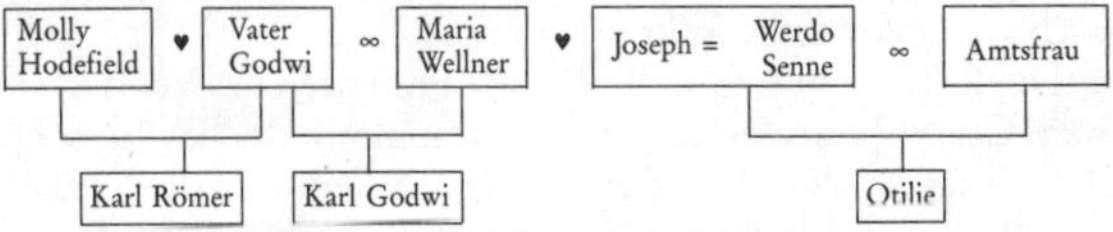

Daß die beiden jungen Männer Godwi und Römer in Molly ihre Mutter bzw. Stiefmutter verehren, wird den Helden und Romanlesern erst im 2. Teil des Romans deutlich. Karl Römer erscheint zunächst als Angestellter von Godwis Vater, der seinem Freund Karl Godwi von einer Geschäftsreise berichtet. Von Werdo Senne (dem Vater Otilies, der mit Joseph identisch ist) und dem Knaben Eusebio (einem Sproß von Francesco und Cecilie), der ähnlich leidet wie Goethes Mignon (FBA 16,74), ist dann in Briefen an Lady Hodefield (=Molly) und Godwi die Rede.

Godwis *Scene aus meinen Kinderjahren* (ebd., 167–174) trägt deutlich autobiographische Züge. Brentano verklärt seine 1793 gestorbene Mutter zu einem geheimnisvollen Marmorbild, dessen lebendig wirkende Spiegelung im Teich den jungen Godwi so fasziniert, daß er ins Wasser fällt und fast ertrinkt – eine dichterische Umsetzung des Schocks, den der frühe Verlust der Mutter bei Brentano ausgelöst hatte. Der Vater vermag Godwi (und Brentano) nicht zu trösten, und der Held ist seit diesem traumatischen Erlebnis auf der Suche nach seiner Mutter und dem »ganzen Leben«, das ihm die Bilder der Natur verheißen. Es ist dieses »steinerne Bild der Mutter« aus dem Titel des Romans, das die Interpreten zu psychoanalytisch inspirierten Deutungen veranlaßt hat, die sich teils auf Brentanos krisengeschütteltes Leben, teils auf die *Godwi*-Dichtung beziehen, in der die Suche nach der Mutter zum zentralen Motiv des 1. Teils wird. In einer novellenartigen Einlage (ebd., 197–217) schildert Brentano die Beziehung seiner Eltern, um dann im »Bureau d'Esprit« (ebd., 227–253) die Welt seiner Frankfurter Geschwister und Freunde – im einzelnen liebevoll, aber nicht ohne kritische Würze – darzustellen.

Der 2. Teil gibt sich als Text von »Freunden des Verstorbenen [Godwi]« aus (ebd., 255). Er beginnt mit der Schilderung des Gutes von Godwi, das dem (noch heute existierenden) Gut Trages der Familie von Savigny nachgebildet ist. Brentano hielt sich bei der Niederschrift des 2. Teils dort (zwischen Hanau und Gelnhausen am Rande des Spessart) einige Zeit mit Gries auf. Wie sich herausstellt, ist der totgesagte Godwi jedoch am Leben und führt die Gesellschaft in einen kunstvoll geschmückten Brunnensaal (vgl. ebd., 304–307), für den es kein Vorbild auf Savignys Gut gibt. Im Gespräch wird dann eine Definition des »Romantischen« versucht:

> Alles, was zwischen unserm Auge und einem entfernten zu Sehenden als Mittler steht, uns den entfernten Gegenstand nähert, ihm aber zugleich etwas von dem seinigen mitgiebt, ist romantisch. [. . .] das Romantische ist also ein Perspectiv oder vielmehr die Farbe des Glases und die Bestimmung des Gegenstandes durch die Form des Glases. (Ebd., 314)

Sodann wird das zu Ehren Violettas errichtete Denkmal geschildert (ebd., 360 f.). Das Schicksal dieser Grafentochter, die zur Offiziersdirne abgesunken war, wird erst später, in der *Fragmentarischen Fortsetzung* des Romans (ebd., 556–559) erzählt. Die Reliefs ihres Denkmals stellt Brentano in Form von Sonetten dar, um dann weitere Gedichte in lockerer Kanzonenform folgen zu lassen.

Mehrfach nehmen Romanfiguren auf bezifferte Seiten des 1. *Godwi*-Bandes Bezug und treten damit aus dem Romankontext heraus. Gegenstand des Romans ist – Forderungen der Frühromantik entsprechend – die Entstehung der Dichtung selbst. Effekte dieser Art, die sich als Form »romantischer Ironie« deuten lassen, hatten Tieck und August Wilhelm Schlegel in satirischen, antiaufklärerischen Märchendramen (und Brentano selbst in seinem Stück *Gustav Wasa*) erprobt. Während es dort die Theaterillusion ist, die durch Auftritte von Dichter und Setzer oder Theater-Maschinisten und Abonnenten aus dem Zuschauerraum systematisch zerstört wird, bricht Brentano hier den epischen Erzählstrom durch zahlreiche Verschiebungen der Erzählperspektive und distanzierte Reflexionen über das epische Ich, den Dichter, das Werk selbst und seine Produktion.

Die Beschreibung der Mutter Godwis, der Gang in den Bildersaal (der Kunstsammlung im Goldenen Kopf nachgebildet) und die Reminiszenzen an die Landschaft des Rheintals (geschildert wird der Niederwald oberhalb von Rüdesheim) verarbeiten wieder autobiographische Elemente. Auch der Vortrag eines italienischen Liedes und zwei den Schwestern Bettine und Meline gewidmete Sonette führen in die Welt der Frankfurter Brentanos, die er – als junger Autor mit seinen Motiven »von der Hand in den Mund« lebend – ad hoc in das Romangeschehen einbringt.

Zur Verwirrung des Lesers trägt bei, daß zahlreiche Gestalten neu eingeführt werden (wie der alte Diener Georg, Jenny und Wellner), andere Personen neue Namen erhalten (der alte Joseph = Werdo Senne; Joduno = Claudia). Angesichts der Tatsache, daß »Willkühr« und »Verwilderung« in der Ästhetik der Frühromantik gefordert werden, kann die kaum vermeidbare »Verwirrung« des Lesers in diesem

2. Teil als intendiert angesehen werden. Die hohen Anforderungen an den Leser scheinen sogar modernen Vorstellungen von dichterischer »Verfremdung« und der Mitwirkung des Rezipienten beim Lesen zu entsprechen. Manches deutet jedoch darauf hin, daß Brentano – von großem Zeitdruck, der zum Schluß auch von der parallelen Arbeit am *Ponce de Leon* hervorgerufen wurde, und Mangel an Stoff geplagt – die Fäden seines komplexen Romangewebes nicht mehr souverän in der Hand hielt, das Maß des Kunstwerks verfehlte und damit auch den Leser überforderte.

Im 2. Teil berichtet der Dichter Maria (Künstlername des frühen Brentano, der nicht zu seinen Taufnamen gehörte) über Godwi und zitiert aus dessen überlieferten Papieren, die zum Teil in Form von »Fragmenten« (Aphorismen) der Frühromantik geboten werden. In einem raschen Finale werden sodann im 31. Kapitel eine Reihe von Handlungsfäden zusammengeführt (FBA 16,480–483), an die sich der Leser kaum noch erinnern kann, um dann eine *Fragmentarische Fortsetzung* anzuschließen, die teils von Maria, teils von seinen Freunden geschrieben wurde. Die *Nachrichten von den Lebensumständen des verstorbenen Maria* von einem »Zurückgebliebenen« stammen – höchstwahrscheinlich unter Einschluß der zahlreichen Gedichtparodien (vgl. ebd., 593 f.) – von Brentanos Freund Stephan August Winkelmann (1780–1806), einem Kommilitonen aus Göttingen, der ab 1803 als Arzt in Braunschweig praktizierte und lehrte. Damit realisierte Brentano ansatzweise jenes »Sympoetisieren« (gemeinsames Dichten), das (wie das »Symphilosophieren«) zu den Postulaten der Frühromantik gehörte und auch in den Gesprächen des *Athenäum* versucht wurde. Ein Beitrag, den Achim von Arnim für den *Godwi* geschrieben hatte, fand allerdings keinen Eingang in das Werk, was Brentano mit den Worten begründet: »Lieber, Guter Arnim [...] ich habe heute Morgen noch mit Entzükken die Rede auf meinen Tod gelesen, sie ist für mich allein und drum nicht gedrukt« (11. Januar 1802; Schultz, 3). Erst aus dem Nachlaß konnte die Rede veröffentlicht werden (FBA 16,602–605).

Im Kreis der Frühromantiker war die Resonanz auf den Roman gespalten (vgl. ebd., 606–614). Ludwig Tieck äußerte sich zurückhaltend und lobte nur einzelne Partien, Friedrich Schlegel verwarf den 2. Band, in dem die »heitre Ausgelassenheit« in »das Gebiet der Unsauberkeit« geriete. Hervorgehoben wurden (von Caroline und Dorothea) die lyrischen Einlagen und die »Sentimentalität« des Autors (vgl. S. 34 und 154), der »von Teufels Gewalt satirisch sein« wolle und sich seiner »sentimentalischen Ader« schäme (zit. nach: ebd., 583 f.). Arnim hält den Roman als Geschichte eines »jungen werdenden Dichter[s]« für vollendet, kritisiert jedoch, daß keine »frohe Nachricht« aus seiner »zerbrochenen Laute« steige (18. November 1802; Schultz, 71). »Sieht man von [...] dem unmittelbaren Echo aus dem Jenaer romantischen Kreis sowie den Erwähnungen durch Chamisso, Heinse und Jean Paul ab, so ging der Roman ›beinahe gänzlich unbeachtet vorüber und verschwand guten Theils als Maculatur‹« (Bellmann, FBA 16,610, mit einem Zitat aus Guido Görres' *Erinnerungen an den Dichter Clemens Brentano* von 1845). Tatsächlich dient das komplexe Romangebilde, das im 2. Teil deutliche Kennzeichen des Zeitdrucks trägt, unter dem Brentano bei der Produktion stand, bis heute in der Germanistik in erster Linie als Demonstrationsobjekt für eine dichterische Umsetzung frühromantischer Ideen, während die (meist separat publizierten und interpretierten) *Godwi*-Gedichte – darunter die erste Formung des Loreley-Stoffes – zu den Meisterwerken romantischer Lyrik gezählt werden.

Erzählungen

Für den »rasanten Aufstieg der Prosa in der ersten Hälfte des 19. Jahrhunderts« (Schaub, 268) werden primär ökonomische Gründe angenommen: Schriftsteller erhielten für die Veröffentlichung von Erzählungen in Periodika relativ hohe Honorare. Vermutlich spielt diese Tatsache gerade bei Brentano eine Rolle, denn als er Ende 1814 mit einer Serie von Erzählungen begann, war seine Hoffnung, am Theater in Wien eine angesehene und honorierte Position zu gewinnen, gescheitert. Die ausgepfiffene Uraufführung der *Ponce*-Bearbeitung *Valeria oder Vaterlist* am Burgtheater am 18. Februar 1814 und die rasche Abreise Brentanos aus Wien markieren diesen Wendepunkt. Er besinnt sich auf seine Begabung als Prosaschriftsteller, die er bereits in der Jenaer Zeit mit dem *Godwi* und zwei veröffentlichten Fragmenten (*Die Rose*, vgl. S. 90, und *Der Sänger*) unter Beweis gestellt hatte. Wenn Brentano etwa anderthalb Jahrzehnte später diese Tradition von Prosapublikationen wieder aufnimmt, könnte das Motiv, Geld zu verdienen, aus den Erfahrungen in Bukowan (vgl. S. 25) den Anstoß gegeben haben. Die Wendung »vom Drama zur Erzählung«, die er wohl genau wie Kleist als Demütigung empfunden hat,[2] dürfte jedoch – so argumentiert Gerhard Schaub überzeugend – durch die nur vermeintliche Armut des Autors ausgelöst worden sein. Der Dualismus »zwischen der Prosa, die man um des Geldes willen schreibt, und der Poesie, der man um des Lorbeers willen huldigt« (Sengle, zit. nach: Schaub, 268), wird bei Brentano für eine kurze Spanne seines Lebens wirksam – bevor die Wendung zur religiösen »Zweckliteratur« mit ihren großen Prosaformen die Serie von Erzählungen ablöst.

2 *Briefe* (s. S. 24, Anm. 2), Bd. 2, S. 84.

Der Sänger

Die dichte Folge artistisch gestalteter Erzählungen, die dann in Bukowan, Berlin und Wiepersdorf entstehen, sollte jedoch den Blick auf die frühen Fragmente nicht verstellen. (Die Auswahl der verdienstvollen Sammlung Schaubs ergibt hier eine leicht verfälschte Perspektive, denn es fehlen die frühen Versuche.) *Der Sänger*, vielleicht ursprünglich als Einlage für den *Godwi*-Roman gedacht, erschien als anonymes Fragment in Sophie Mereaus Zeitschrift *Kalathiskos* 1801. Mögliche Anspielungen auf persönliche Erfahrungen im Leben Brentanos (wie sie im parallel entstandenen *Godwi* in großem Umfang erkennbar sind) führen nicht zu eindeutigen Ergebnissen bei der Datierung des Werks. So scheint der vorausgeahnte Tod von Brentanos Schwester Sophie (gestorben am 19. September 1800 auf dem Gut Wielands in Oßmannstedt bei Weimar) am Anfang der Erzählung verarbeitet. Auch die Beziehung des jungen Schriftstellers zur Herausgeberin der Zeitschrift (Sophie Mereau) scheint der distanzierten Beziehung des Sängers zur Protagonistin entfernt ähnlich, denn der Umgang von Brentano und Sophie war zwischen August 1800 und Mai 1803 »aufgehoben«. Eine sichere Datierung ist jedoch nach diesen inhaltlichen Kriterien kaum möglich; Gerhard Kluge trägt die Argumente sorgfältig zusammen und läßt die Frage, ob das Werk im Frühjahr oder Herbst 1800 entstand, mit Recht offen (FBA 19,475). Der Aufforderung Sophie Mereaus, eine »Fortsetzung dieses vorzüglichen Produkts« zu schreiben (der Brief wurde von Kluge neu und überzeugend auf Ende Januar / Anfang Februar 1801 datiert; ebd., 478), folgt Brentano nicht. So bleibt die Lebensgeschichte des Sängers, die dieser im 2. Teil der Publikation zu erzählen beginnt, fragmentarisch, und es wird nur klar, daß die Briefschreiberin und ihre verstorbene Schwester Töchter des Jugendgeliebten der Mutter des Sängers sind. Zwischen der Briefschreiberin und dem Sänger, der am Anfang der Geschichte aus dem geheimnisvollen Dunkel eines Gartens auftaucht und zunächst wieder spurlos verschwindet, gibt es demnach über die Elterngeneration einen Zusammenhang, und es wird erklärbar, warum der Poet der Erzählung (denn nichts anderes ist ein »Sänger« in Brentanos Terminologie) in seiner Lyrik über den Tod der Schwester berichten kann. Die Wirkung dieses geheimnisvollen Gesangs auf die Heldin und ihren Bräutigam ist das Thema des 1. Teils, und zweifellos antwortet Brentano mit den Selbstreflexionen der Schreiberin auf Friedrich Schlegels Roman *Lucinde* (1791), dem Schleiermacher vorgeworfen hatte, aus der Perspektive des Mannes geschrieben zu sein. Brentano läßt nun die Frau zu Wort kommen, setzt sich seinerseits (mit ironisch gemeinten Zitaten aus dem *Lied von der Glocke*) von Schillers Auffassungen zur Rolle der Frau ab und definiert die neue Form romantischer Liebe (vgl. FBA 19,483–485). »Brentanos Eigenständigkeit gegenüber Schlegel kommt nicht nur in durchaus andersartigen Akzentuierungen bei der Auffassung des Männlichen und Weiblichen und einer Metaphysik der Liebe, sondern vor allem darin zum Ausdruck, daß aus der Perspektive der Frau erzählt wird« (Kluge, ebd., 485). Wie in der *Lucinde* und den Theorien der Frühromantik werden Leben und Liebe als Formen der Kunst verstanden, wobei die »Befreiung« der Frau und die Beschreibung dieser »neuen Liebe« weitgehend abstrakte Vorgänge bleiben, die mit einer politisch umsetzbaren Emanzipationsforderung noch wenig gemein haben.

Chronika eines fahrenden Schülers

In die frühe Zeit fällt auch die Entstehung der ersten Fassung der *Chronika eines fahrenden Schülers.* Deutlich ist hier das bereits in Ludwig Tiecks Roman *Franz Sternbalds Wanderungen* (1798) verwirklichte Modell, historische Künstlerfiguren in der Dichtung lebendig werden zu lassen. Am 28. Februar 1802 schlägt Brentano dem *Godwi*-Verleger Wilmans vor, ein »kleines Büchelgen [...] der arme Heinrich« zu veröffentlichen, und beschreibt das Projekt als »Szenen des Lebens eines Augsburger Edelmanns und seiner drei Töchter«. Es soll ein »allgemeines Lesebuch aller guten frommen Menschen und besonders für Töchter von 10–14 Jahren« werden (FBA 19,502). Später nennt er es »der alte Ritter und die seinigen« (ebd., 503). Hartmanns von Aue *Der arme Heinrich* ist zwar nicht die Quelle des ausgeführten Projekts – dieser von Brentano genannte Titel konnte bis heute nicht restlos erklärt werden (ebd., 504–508) –, doch versucht Brentano nach der Art älterer Chroniken (vgl. Quellenangaben ebd., 517 f.) naiv und quasi mittelalterlich zu erzählen. »Mit Tiecks und Novalis' Romanen verbindet die *Chronica* das Wandermotiv, die Reise durch die ›Stammlandschaften‹ des romantisierten Mittelalters, und wie sich Heinrich von Ofterdingen unterwegs in mehreren Begegnungen mit zum Teil allegorisch bedeutsamen Personen Natur und Geschichte, Poesie und Leben erschließen und der Roman durch das abschließende Märchen in Mythologie überführt wird, so erweitert sich die Begegnung des Schülers mit den Töchtern seines Herrn zu einer Kosmologie der harmonia mundi (Huber) und mit der ausleitenden Geschichte zu einer Allegorie von Vergänglichkeit und des Sieges über diese« (Kluge, ebd., 517). Dieser Schlußteil trägt den Titel *Von dem traurigen Untergang Zeitlicher Liebe* und verbindet nach Kluge »Motive aus Volksmärchen, Volkslied, Mythos, Sage, Legende, aus der

Bibel, der Naturmystik und der zeitgenössischen Literatur«. Wortbildungen, die auf Jakob Böhme zurückgehen und damit Bezug auf eine wichtige Leitfigur der Frühromantik nehmen, sind auffällig (ebd., 573). Daß die *Chronika* trotz dieser Abrundung im Sinne der frühromantischen Romankonzepte von Brentano als fortzusetzendes Fragment angesehen wurde, erhellt die Tatsache, daß er noch im Vorwort der kürzeren zweiten Fassung berichtet, die »einfache Geschichte« sollte »nur die Einfassung mehrerer schöner altdeutschen Erzählungen seyn« (ebd., 181).

Diese zweite Fassung der *Chronika*, die Brentano für die von Friedrich Förster (unter Mitarbeit Brentanos) 1818 herausgegebene Publikation *Die Sängerfahrt* entwarf, bildet den Abschluß dieser ersten Gruppe von Erzählungen und entstand Ende 1816 in Berlin. Auf den aus der frühromantischen Poetik entwickelten mythisierenden Schlußteil verzichtet Brentano, der Ton wird historisierend und zugleich didaktisch-moralisch. Armut, Sterben und Tod werden stärker thematisiert. Deutlich sind die Einflüsse des neuen Frömmigkeitsideals, das Unmittelbarkeit und Reinheit des religiösen Gefühls anstrebt und die Riten und Formalismen des katholischen Klerus ablehnt (Kluge, ebd., 596 f.). Damit steht die neue Fassung des Textes in unmittelbarem Zusammenhang mit »Brentanos neuerlichem Ringen um das Verhältnis von Kunst und eigener Existenz«, das nach der Begegnung mit Luise Hensel die Jahreswende 1816 /17 bestimmte. Das Fragment bricht mit dem Tod der Mutter und dem Ende der Kindheit des Helden ab.

Johannes im Garten des Ritters Veltlin. Illustration zu *Aus der Chronika eines fahrenden Schülers*

Holzschnitt nach einer Federzeichnung Edward von Steinles (vermutlich 1882)

Die mehreren Wehmüller

Zwischen den beiden Fassungen der *Chronika* entstanden die brillanten, komplex strukturierten Erzählungen, die Werken ähnlichen Typs von E. T. A. Hoffmann und Achim von Arnim nicht nachstehen. In seiner Edition der Erzählungen hat Gerhard Schaub auf die konstituierenden Elemente dieser Prosa hingewiesen (276–285). *Die mehreren Wehmüller* nehmen dabei das romantische Element des Doppelgängers erstmals humoristisch auf. Ein reisender Maler namens Wehmüller (dessen Vorbild unter den zahlreichen zeitgenössischen Künstlern mit Namen Müller bis heute nicht eindeutig geklärt werden konnte; vgl. FBA 19,660–662) lebt von der Produktion seriell gefertigter Porträts. Er hält »39 Nationalgesichter« von »Ungaren« (Porträts verschiedener Charaktere; ebd., 254) bereit und läßt die Kunden das ihnen jeweils ähnlich erscheinende Porträt aussuchen, um dann einzelne Kennzeichen der Käufer gegen Aufgeld hineinzumalen. Änderungen an der Uniform sind dabei besonders teuer. Die Zahl 39 hat Wolfgang Frühwald auf die »berüchtigten 39 Vaterländer der Deutschen, die aus der Neuordnung Europas auf dem Wiener Kongreß (1814/15) hervorgegangen waren«, bezogen. Erst 1817 trat allerdings das 39. Vaterland, die Landgrafschaft Hessen-Homburg, hinzu, ein Faktum, das auf die Datierung von Brentanos Erzählung Einfluß hat. Seit dem 24. September 1817 erschienen *Die mehreren Wehmüller* in Fortsetzungen in der Zeitschrift *Der Gesellschafter*. Die am Anfang der Erzählung genannte Zahl müßte sehr spät, möglicherweise als Korrektur in den gesetzten Text eingefügt worden sein, wenn die Deutung Frühwalds zutrifft. Eine andere Erklärung für die Zahl 39 steht jedoch aus, und es bliebe ein seltsamer Zufall, daß der fiktive Maler ausgerechnet 39 verschiedene ungarische »Nationalitäten« abbildet. Brentano verspottet offenbar die vielen Kleinstaaten Deutschlands mit ihren eigenen Streitkräften, Uniformen und Gesetzen.

Clemens Brentano, seine *Mehreren Wehmüller* vorlesend
Bleistiftzeichnung von Edward von Steinle (Herbst 1841)

Die Methode des Un-Künstlers Wehmüller ist erfolgreich und macht Schule. Zu seinem Erschrecken muß der Maler feststellen, daß sein ärgster Konkurrent erfolgreich unter seinem Namen auftritt. Bei der Reise zu seiner Frau, die durch die Absperrung eines Pestgebiets unterbrochen wird, beobachtet er, daß ihm der geheimnisvolle Doppelgänger immer einen Schritt voraus ist, und befürchtet, daß seine Frau den falschen Wehmüller statt seiner empfängt und die Verwechslung am Ende nicht bemerkt (Anspielung auf ein beliebtes Lustspielmotiv). Die treue Gattin ist jedoch bereits in entgegengesetzter Richtung zu ihm unterwegs und bedient sich dabei seines alten Passes und seiner Garderobe, so daß schließlich mehrere Wehmüller (nämlich drei) beieinander sind. Bevor es zur Aufklärung dieser Verdreifachung kommt, muß Wehmüller die Auflösung (bzw. Verschiebung) des Pestkordons in einem Gasthaus abwarten. Die Zeit des Wartens verkürzt sich die Gasthausgesellschaft mit dem Erzählen von Schauergeschichten, die allesamt mit Katzen und Hexen zu tun haben. Zunächst berichtet ein kroatischer Edelmann über das »Picknick des Katers Mores«, die Geschichte von einem entlaufenen Kater, den der Besitzer – auf einem Dudelsack blasend – mitten in einer Schar von Katzen auf einem Eichbaum wiederentdeckte. Der Edelmann schoß in die Katzenversammlung, traf aber offenbar eine Reihe von verwandelten Hexen, denn in den nächsten Tagen finden sich eine angeschossene Magd im Baum hängend und eine Reihe weiterer verletzter »Weibspersonen«, die dann an ihren Wunden sterben, bzw. als Hexen entlarvt, verfolgt und verbrannt werden. Dem Schützen und Erzähler dankt man jedoch seine Tat nicht, und er entgeht der Wut der Bevölkerung nur durch Flucht über die Grenze. Der unheimliche Auftritt einer schwarzen Katze in der Rahmenerzählung bildet die Verknüpfung dieser Einlage mit dem Rahmen.

Die zweite Binnenerzählung stammt von dem Franzosen Devillier und berichtet über eine Felseninsel an der Atlantikküste, auf der sich bei Ebbe zahlreiche Katzen einfinden, die zeitweise festgewachsen scheinen. Das seltsame Phänomen wird aufgeklärt; die Katzen geraten bei der Suche nach den delikaten Austern mit Pfoten und Schwanz in die geöffneten Schalentiere, die sich erst bei Überflutung wieder öffnen.

Als Vertreter einer dritten Nation, die jeweils auch durch Erzähltemperament und Motivik charakterisiert wird, kommt nach dem kroatischen Edelmann und dem Franzosen Devillier ein Italiener zu Wort. Der invalide Feuerwerker Baciochi weiß von einem chaotischen, mißglückten Feuerwerk und seiner anschließenden Flucht zu berichten. Die Namensgleichheit mit Napoleons Schwager und die Deutung des mißglückten Spektakels als Niedergang Napoleonischer Macht führte zur Datierung der Erzählung auf »nicht vor 1814«. Schaub sieht (434 f.) auch eine Anspielung auf den Kampf der österreichischen Truppen mit dem neapolitanischen Heer (Frühjahr/Sommer 1815), die jedoch kaum hinreicht, um die Entstehung der Erzählung auf einen genauen Zeitraum (innerhalb der weiten Spanne von 1811 bis 1817) zu fixieren. Gerade im Sommer 1815 hatte Brentano eine depressive Phase, in der die humoristische Erzählung kaum entstanden sein dürfte (FBA 19,660,663).

Spektakuläre Feuerwerke gehören zum geläufigen Motivbestand romantischer Erzählungen, und wir finden sie bei E. T. A. Hoffmann (in den *Lebensansichten des Katers Murr*) ebenso wie bei Joseph von Eichendorff (*Viel Lärmen um Nichts*). Im Zentrum von Brentanos Erzählung, die möglicherweise Quelle für beide genannten Dichtungen war, stehen Ereignisse auf der Flucht des Feuerwerkers. Mit seiner ängstlichen Frau gerät er in eine Zigeunerhütte, in der die attraktive junge Mitidika den sagenhaften ›wilden Jäger‹ erwartet. Der Feuerwerker lauert ihm auf und versucht ihn nach erfolgreichem Kampf mit einem Eimer Wasser wiederzubeleben. Dies ist der Moment, in dem sich einer der Zuhörer aus der Rahmengeschichte als dieser ›wilde Jäger‹ der Binnengeschichte zu erkennen gibt und aus seiner Perspektive den Fortgang der Geschichte erzählt. Es ist der Zigeunergeiger Michaly, der Bräutigam von Mitidika, die am Schluß der Rahmenerzählung als Tänzerin auftritt. So mündet die dritte Binnenerzählung mit einem kunstvollen Furioso in die Rahmenhandlung. Der Pestkordon war irrtümlich zwischen die Wartenden und Gesuchten gelegt worden, und die Protagonisten brechen nach kurzer Nachtruhe auf und treffen auf die von ihnen getrennten Partner, darunter die falschen Wehmüller.

Bemerkenswert an dieser Darstellung Brentanos ist das Bild der Zigeuner. Zwar übernimmt er aus seiner Quelle (FBA 19,666) etliche befremdliche Charakteristika der Zigeunerstämme (ebd., 276 f., 284–290, 293, 296, 298 f., 304), doch wendet er die Eigenarten meist ins Positive. Zigeuner galten den Romantikern als poetischer Stamm, in dem sich noch Ursprüngliches bewahrt hat. Mitidika symbolisiert in Brentanos Erzählung die ursprüngliche, naturhafte Poesie. Im Gegensatz zu bürgerlichen Vorurteilen stellt er die Zigeunerin in der Geschichte als treu dar. Auch Michaly, der Ehemann vom gleichen Stamm, ist mit dem Geigenspiel der »ursprünglichen« Kunst verpflichtet, seine Diebereien werden als Verstrickung in Schmuggelgeschäfte dargestellt, die er bereut. Auch dies eine Darstellung, die in Europa weitverbreitete Vorurteile gegenüber den Stämmen der Sinti und Roma verarbeitet.

Neben der Katzen-, Hexen- und Gaunerthematik ist die Kunstthematik in Brentanos Erzählung wesentlich. Es wimmelt von echten und falschen »Künstlern«, wobei der aus Wien stammende Poet Lindpeindler einen empfindsam-romantischen Dichter darstellt, der zugleich seinen »Witz in alle Nester legt«. Vermutlich karikiert sich Brentano in dieser Figur selbst.

Die Schachtel mit der Friedenspuppe

Die im Januar 1815 in der Wiener Zeitschrift *Friedensblätter* veröffentlichte Erzählung entstand während Brentanos erstem Wiepersdorfer Aufenthalt zwischen dem 18. Oktober und 12. November 1814 (FBA 19,697). Sehr genau wird die Lage des Arnimschen Gutshauses (das den Zweiten Weltkrieg überdauert hat und heute als Bettina und Achim von Arnim Museum und Künstlerhaus geführt wird) »dicht an der sächsischen Gränze« in einer »Ebene von leichtem Sandboden« (ebd., 315) beschrieben. »Erst 1815 verlor Sachsen diesen nördlichen Teil an Preußen« (Kluge, ebd., 720). Für den Baron und seine Familie in der Erzählung haben Achim und Bettina von Arnim und ihre ersten beiden Söhne Freimund und Siegmund Pate gestanden, wobei Arnim allerdings nur kurze Zeit bei der Berliner Landwehr (einer Reservearmee) gedient hatte und Paris nur von seiner Kavaliersreise kannte, während der Baron der Geschichte »die Schlachten auf der Katzbach, bey Laon und auf dem Montmartre mitgeschlagen [und] geholfen [hatte], die entführte preußische Viktoria [vom Brandenburger Tor] nach Berlin [...] zurück zu begleiten« (ebd.). In etwa 30–40 km Entfernung von Wiepersdorf hatten im August und September 1813 Gefechte stattgefunden, aber im übrigen war man auf Arnims Landgut von Napoleons Eroberungsfeldzug und den Befreiungskriegen verschont geblieben. Der Durchzug der Franzosen nach der Niederlage in Moskau, die vom Baron in der Nähe des Schlosses angetroffen werden und dann im Gutshaus versorgt und ausgefragt werden, entspricht sicher nicht den Erlebnissen von Arnim und Bettina in Wiepersdorf. Brentano hat sie nach einer französischen Quelle, die er in der Wiepersdorfer Bibliothek Arnims fand (heute in der Herzogin Anna Amalia Bibliothek in Weimar), gestaltet. Es sind die 1740 veröffentlichten Memoiren des Grafen von Letaneuf (FBA 19,707; die relevanten Textauszüge ebd., 708–720), die als Hauptquelle für die Binnengeschichte dienten.

Auf der Suche nach Baumaterial für den Neubau eines Stallgebäudes (das in Wiepersdorf während Brentanos Besuch tatsächlich entstand) findet der Baron mit Assistenz seines Amtsboten einen geeigneten Stein, der durch Hitze zerlegt werden soll. Reste von einem französischen Feldlager sind Anlaß für die Erzählung des Amtsboten, der etwa 150 Mann zurückkehrende französische Truppen im Schloß empfangen hatte und später von einem Anführer bei dem Lager mißhandelt worden war. Einige vorbeiziehende Kosaken (damals mit Preußen gegen Napoleon verbündet) lösen die Flucht der Franzosen aus. Noch während der Arbeiten an dem Stein taucht jedoch erneut »ein Zug aus russischer Gefangenschaft rückkehrender Franzosen« in Sichtweite auf (ebd., 319). Ein einzelner (Frenel alias Montpreville) hilft mit seinem schweren Gerät beim Anheben des Steines. Wie sich dann herausstellt, ist seine Frau im nahen Gebüsch und führt eine »Pariser Friedenspuppe« in einer bunten Schachtel mit sich, die der Baron einst von einer Trödlerin in Paris gekauft hatte. Dieses Objekt steht nun im Zentrum der Erzählung, und alle Beteiligten verbinden mit der Schachtel verschiedene Erinnerungen, die ein Gerichtshalter durch Verhöre ermittelt und die sich erst allmählich zu einer abenteuerlichen Geschichte zusammenfügen. Auf dem Wege zum Gutshaus trifft man auch noch auf den Schwiegervater des Franzosen (den Pariser Totengräber Dumoulin, der sich als Lyoner Pelzhändler St. Luce ausgibt). Er war gerade von einem anderen (Sanseau) gestellt und im Kampf mit einem Messer verletzt worden. Der Schuß eines deutschen Korporals hatte den Messerstecher im Unterleib getroffen. St. Luce, der in Moskau ein Fellgeschäft betrieben hatte und nach der Restauration der Bourbonen mit Tochter und Schwiegersohn nach Frankreich zurückkehren wollte, hatte in Moskau eine ähnliche Schachtel mit Pretiosen von einem Landsmann in Zahlung genommen und vor der Reise in Moskau vergraben.

Frenel weiß jedoch von einer anderen Schachtel zu berichten, die dazu benutzt wurde, eine (von Dumoulin nichtsahnend besorgte) Kindsleiche zu transportieren, die seiner Mutter (Frau Montpreville) von Sanseau untergeschoben wurde, um ihr das Erbe des gestorbenen Ehemanns streitig zu machen. Es war seine spätere Frau, die als Kind gezwungen worden war, die Schachtel mit der Leiche zu übermitteln. Eine Magd der Mutter hatte als Trödlerin dem Baron die Schachtel verkauft. Der verletzte Sanseau hörte diese Aufklärung im Nachbarzimmer mit, versuchte einen Selbstmord und setzte sein Testament auf. Vor seinem Tode kommt es jedoch zur Versöhnung mit Frenel. Dumoulin, mit diesen Fakten konfrontiert, entschließt sich während der Freudenfeuer zum Jahrestag der Leipziger Völkerschlacht, die auf dem Gut veranstaltet werden, zum Selbstmord. Er hinterläßt das Geständnis, daß er seine vermeintliche Tochter (Frenels Frau) von Marie Genevieve de Renaut geraubt hatte, die bei der Totgeburt eines weiteren Kindes gestorben war. Sanseau wird unter dem großen Stein begraben, über den Chevalier de Montpreville (alias Frenel) später eine Kapelle errichten läßt.

So endet die Geschichte, die von Schaub als Erzählung der Restauration interpretiert worden ist, versöhnlich. Die Schachtel, die der Baron den Franzosen auf ihre Bitte übergibt, nimmt anstelle der Kindesleiche die Friedenspuppe auf und findet ihren Weg zurück nach Paris, das nach Revolution und Napoleonischer Herrschaft mit der Restauration der Bourbonen seinen Frieden ebenso findet wie das befreite Deutschland. Beim Fest des Barons trinkt man auf »das Wohl des Vaterlandes und aller deutschen Könige, und aller deutsch- und königlichgesinnten Kämpfer« (FBA 19,351). Daß diese Restauration in Preußen nicht die (von Brentano und besonders von Arnim erhofften) Reformen im Inneren brachte und später zu einer starken Einschränkung bürgerlicher Rechte führte, war 1814 noch nicht abzusehen.

Das Fragment einer Erzählung aus der Französischen Revolution

Das Fragment (FBA 19,357–381) wird nach der Selbstbezeichnung des Protagonisten auch *Der arme Raimondin* genannt. Aus einem Bericht Arnims von 1827 folgert Kluge überzeugend, daß der Text im Herbst 1814 beim gleichen Wiepersdorf-Aufenthalt entstand wie *Die Schachtel mit der Friedenspuppe* (ebd., 753–757). Arnim korrigierte die

Handschrift Brentanos und unternahm zwei Ansätze, die Melusinen-Geschichte seines Freundes fortzusetzen (Arnims Melusinen-Fragmente, die erst neuerdings Brentanos Text zugeordnet werden, veröffentlicht FBA 19,769–782). Denn Brentanos Erzählung bietet nur den Anfang einer Rahmenerzählung. Sie berichtet über einen katholischen Geistlichen (Pater Rochus), der zwei Verwundete von einem Schlachtfeld des »Krieg[es] in den Niederlanden« (zwischen 1792 und 1795) rettet und zur Pflege in kirchliche Obhut gebracht hat. Dann folgt das Fragment einer Erzählung des einen Verwundeten (Heinrich Winningen), der aus Liebesverzweiflung zunächst zum Selbstmord entschlossen ist, auf Zuspruch von Pater Rochus dann jedoch einen ausführlichen Bericht über die Erlebnisse in seiner Kindheit bietet. Die Ehe seiner Eltern zerbrach, als der adlige Vater von Winningen sich auf die Seite der französischen Revolutionäre stellte, während die Mutter, die ihr Geschlecht auf die Meerfei Melusina zurückverfolgte, im Bewußtsein ihres adligen Geblüts den »Bürger Winningen« (ihren Gemahl) zurückwies. Heinrich schwärmt für die Melusinen-Geschichte, wie sie ihm aus einem alten Druck aus Familienbesitz bekannt ist, und identifiziert sich mit dem armen Raimondin, läßt sich jedoch von seinem Vater dazu verleiten, den Stammbaum der Mutter unter dem Revolutionsbaum öffentlich zu verbrennen. Im Gefolge dieser Szene kommt es zu einem Duell, bei dem der Vater schwer verwundet wird, und zur Flucht der Mutter über den Rhein. Das Kind wird von verschiedenen Bedienten und Nachbarn vorübergehend betreut und verliebt sich in die Nachbarstochter, die »kleine Melusine bei dem Advokaten« Lodie (FBA 19,378), die vermutlich mit Therese identisch ist, von der Heinrich zunächst schwärmte (ebd., 366). Die Erzählung endet damit, daß das Kind von einem Bedienten während eines Maskenballs abgeholt und von lauter Musik eines Fagotts aufgeweckt wird. Beim Anblick der Maskierten gerät das Kind in Panik und wird zu seinem Vater gebracht.

Eine zweite Binnengeschichte, in der die Geschichte des zweiten Verwundeten erzählt und mit der ersten in Bezug gesetzt werden könnte, fehlt. Zu vermuten ist, daß Brentano wie in der *Friedenspuppe* unter dem Eindruck der geschichtlichen Situation eine Geschichte der Versöhnung schreiben wollte. Die beiden Verwundeten stammen aus entgegengesetzten Lagern, während der erste unter dem Einfluß des Vaters seinen Adel abgelegt hat, gehört der zweite zu den Emigranten, die von den Revolutionären bis in die Niederlande verfolgt wurden. Der Pater trennt sie räumlich, um Verwicklungen zu vermeiden, aber die Geschichte bliebe ohne Sinn, wenn die Repräsentanten der verfeindeten Parteien nicht in ihrer Biographie miteinander verbunden wären und in der Lazarett-Situation nicht wieder zueinander fänden.

Die drei Nüsse

Im August 1817 erschien in der Berliner Zeitschrift *Der Gesellschafter oder Blätter für Geist und Herz* Brentanos Erzählung *Die drei Nüsse*, die vermutlich in der zweiten Hälfte des Jahres 1816 bzw. Anfang 1817 (spätestens aber im Juli 1817) entstand (vgl. FBA 19,792). Eine Quelle konnte bisher nicht ermittelt werden, und ein Text gleichen Titels – »frei nach dem Englischen« – gilt inzwischen nicht mehr als Hinweis auf eine gemeinsame Quelle, sondern als Verballhornung von Brentanos Erzählung (ebd., 794).

Die Geschichte kreist um den lateinischen Spruch: »Unica nux prodest, nocet altera, tertia mors est« (»*Eine* Nuß nützt, die zweite schadet, der Tod ist die dritte«; ebd., 385; vgl. auch 798). Der Spruch wird zuerst beim Nüsseknacken im Hause des Bürgermeisters Maggi in Colmar zitiert und setzt einen als Gast anwesenden reisenden Alchimisten in Verlegenheit. Unter Selbstbeschuldigungen verläßt er fluchtartig die Gastfreunde. Ein Jahr später ist die Witwe des Apothekers dü Pont aus Lyon zu Gast, die in Colmar eine Apotheke eröffnen will. Amelie dü Pont reagiert ähnlich traumatisch auf das Angebot von Nüssen wie der reisende Alchimist ein Jahr zuvor und erkennt auf einem Bild, mit dem ein Kind des Bürgermeisters die Szene mit dem Gast des Vorjahrs (samt den drei Nüssen) festgehalten hatte, ihren Mann. So wird sie angeregt, ihre Geschichte zu erzählen: Ihrer sagenhaften Schönheit wegen wurde sie von vielen Männern angebetet. Heimlich trug ihr ein Verehrer in der Nacht vor ihrem Geburtstag zahlreiche Geschenke ins Zimmer. Ihr Mann reagierte mit Eifersucht und erschoß den vermeintlichen Liebhaber Ludewig bei einem heimlichen Treffen, als beide gerade den lateinischen Spruch zitieren und zum Abschied drei Nüsse knacken. Ludewig ist jedoch ein Bruder Amelies, der ihr in geradezu inzestuöser Liebe zugetan war und wegen eines Duells auf der Flucht ist. Als ihr Mann den Irrtum erkannt hat, begibt er sich seinerseits auf die Flucht, lebt acht Jahre als Alchimist in Kopenhagen und weilt danach zu Besuch in Colmar, bevor er sich den heimatlichen Behörden als Mörder stellt und enthauptet wird. Nach dieser Erzählung reagiert der Bürgermeister irritiert auf den Namen des Bruders: Piautaz (ein Eigenname, den Brentano der Haushälterin und »Ersatzmutter« im Haus zum Goldenen Kopf entlehnte). Er kann nachweisen, daß er selbst der leibliche Bruder von Amelie dü Pont ist und der Enthauptete der Sohn einer Amme war. Beide wurden irrtümlich vertauscht, womit der Vorwurf des Inzests sich nachträglich als gegenstandslos erweist. Amelie dü Pont (geb. Piautaz) führt daraufhin dem Bürgermeister von Colmar noch drei Jahre lang den Haushalt und zieht sich nach seinem Tode in das Kloster zu St. Clara in Colmar zurück.

Geschichte vom braven Kasperl und dem schönen Annerl

Die häufig interpretierte Geschichte erschien zum erstenmal in den *Gaben der Milde*, die Friedrich Wilhelm Gubitz »für die Bücher-Verloosung ›zum Vortheil hilfloser Krieger‹« 1817 herausgab (alle späteren Nachdrucke wurden ohne Mitwirkung des Autors publiziert). Die Berichte zur Entstehung der Erzählung tragen – wie Kluge nachgewiesen hat (vgl. FBA 19,801) – z. T. »legendenhaften Charakter«. Auch die Bemühungen der Interpreten, die Geschichte mit der Generalbeichte Brentanos (am 27. Februar 1817) oder der vorausgehenden Krise (seit Anfang 1815) in unmittelbare, präzise Beziehung zu setzen, haben zu eher spekulativen Datierungen geführt. Die von Kluge festgestellten Fakten sind: Im November 1816 verschickte Gubitz die Einladung zur Mitwirkung an dem Benefizprojekt (ebd., 802), im Februar 1817 werden die Beiträger namentlich genannt, in einer Anzeige vom 2. September 1817 erscheint der Titel von Brentanos Beitrag erstmalig. Nach einer Tagebuchnotiz Ludwig von Gerlachs hat Brentano am 27. Juni 1817 die kurz zuvor fertiggestellte Erzählung Freunden im Berliner Tiergarten vorgelesen (ebd., 801).

Diel und Kreiten berichten in ihrer Brentano-Biographie, daß die Mutter Luise Hensels Brentano zwei Geschichten – eine vom Kindsmord und eine vom Selbstmord eines Soldaten – erzählte, die er in der *Geschichte vom braven Kasperl* verband (ebd.). Die Forschung hat inzwischen nachgewiesen, daß Volkslieder – insbesondere das *Wunderhorn*-Gedicht *Weltlich Recht* und seine Quellen – als weitere Vorlagen hinzukamen. Für ein einzelnes Motiv – der Biß des Geköpften in die Schürze des Kindes Annerl – fand Heinz Rölleke das Vorbild.

Der Erzähler der *Geschichte vom braven Kasperl* trifft am Anfang auf die Großmutter von Kasperl (und Patin von

Annerl), die sich anschickt, als 88jährige auf den Stufen des Herzogspalasts – ihrer ehemaligen Arbeitsstätte – zu nächtigen. Sie will beim Herzog um ein ehrliches Grab für Kasperl und Annerl bitten und erzählt dem »Schreiber« die Vorgeschichte. In diesem Schreiber reflektiert Brentano die Rolle des Dichters, die ihm fragwürdig geworden ist:

> Einer der von der Poesie lebt, hat das Gleichgewicht verloren, und eine übergroße Gänseleber, sie mag noch so gut schmecken, setzt doch immer eine kranke Gans voraus. (FBA 19,410)

Als »Schreiber« bekommt er von der Alten den Auftrag, das Bittgesuch aufzusetzen. Ihr Enkel hat sich die Wahrung seiner Ehre als höchstes Ziel gesetzt – ähnlich dem französischen Offizier, der sich wie anfangs in der Geschichte berichtet, umbringt, als er durch Erlaß gezwungen wird, die Prügelstrafe an einem Soldaten zu vollziehen. Als Kasperl entdecken muß, daß sein Vater und Bruder Diebe sind, die ihn auf einer Urlaubsreise nach Hause selbst beraubt und damit die Ehre der Familie verletzt haben, nimmt er sich das Leben. Seine Liebste Annerl, der er die Ehe versprochen hatte, verliert ebenfalls ihre Ehre, als sie, von einem betrügerischen Adligen geschwängert, zur Kindsmörderin wird. Sie verrät den Vater ihres Kindes nicht, verbrennt dessen schriftliches Eheversprechen und wird zum Tode durch das Schwert verurteilt. Ein böses Zeichen aus der Kindheit von Annerl scheint sich zu bewahrheiten: Beim Besuch des Scharfrichters hatte sich das Schwert an der Wand bewegt. Der Scharfrichter versucht dieses böse Omen durch Einritzen des Halses bei Annerl zu entkräften, wird aber daran gehindert, weil man seine Ängste und das seltsame Gegenmittel für Aberglauben erklärt. Doch der Erzähler erreicht den Herzog mit seinem Gnadengesuch noch rechtzeitig, und ein Soldat der Wache, der mit dem Schreiber befreundete Grossinger, wird ausgeschickt, um die Vollstreckung aufzuhalten. Der Bote ist jedoch selbst der Schänder von

Anna. Seine Reue treibt ihn zur Eile an: Da sein Pferd vor der versammelten Menge scheut, ist die Enthauptung vollzogen, als er eintrifft. Grossinger nimmt sich das Leben, und die Großmutter stirbt in den Armen des Schreibers bei der Beerdigungszeremonie, als Kasperl und Annerl auf Anordnung des Herzogs ihr gemeinsames ehrliches Grab finden.

Dem oberflächlichen, diesseitig eitlen Ehrbegriff ohne Gnade, dem Kasperl und Annerl erlegen sind, wird die Maxime der Großmutter gegenübergestellt, die lautet: Gebt Gott allein die Ehre! Die Bezüge zu Brentanos Rückwendung zum Katholizismus sind damit überdeutlich. So wie die Reflexionen über die »Krankhaftigkeit« des Dichters die Selbstzweifel an der eigenen Aufgabe artikulieren und der Rückzug auf die »Schreiber«-Position das Dülmener Selbstverständnis Brentanos vorwegnehmen, so deutet sich das neue Frömmigkeitsideal in der Position der Großmutter an, die mit dem Großmütterchen in dem berühmten Gedicht von der Gottesmauer eng verwandt ist. Die Veränderung von Brentanos Selbstverständnis entwickelt sich jedoch in einem längeren Prozeß, in dem die Generalbeichte nur ein markanter Punkt ist. Gajek und Frühwald haben mit Recht darauf hingewiesen, daß religiöse Motive seit der Jenaer Zeit zu Brentanos Dichtung gehören. So bildet das Werk eine Brücke zur religiösen Epik des späten Brentano, weist jedoch zugleich noch alle Kennzeichen einer komplexen, kunstvoll konstruierten Erzählung auf, die sie einer Einordnung in religiöse Erbauungsliteratur entziehen.

Das Insistieren auf der (weltlichen) Ehre und das daraus resultierende Unheil erinnern an das Verhalten von Heinrich von Kleists Kohlhaas. In beiden Fällen führen das Wörtlichnehmen und die Verabsolutierung eines an sich positiven Wertes (der Ehre bzw. des Rechts) zur Perversion des Begriffs und zu tragischem Ausgang. Ebenso wie Kleist versteckt Brentano die »Moral« in einer komplexen Erzählung, die beim Leser Sympathien für den konsequenten und in seine Ideen »verbohrten« Helden weckt.

Märchen

An Märchenstoffen hat Clemens Brentano zeit seines Lebens gearbeitet. Mit Ausnahme eines isolierten frühen Fragments (*Die Rose*; FBA 17,11–39) und der Spätfassung des *Märchens von Gockel, Hinkel und Gackeleia* (1837) publizierte Brentano jedoch seine Märchentexte nicht. Der Versuch des befreundeten Historikers Johann Friedrich Böhmer, den publikationsscheuen Dichter durch unautorisierte anonyme Drucke in der Zeitschrift *Iris* 1826/27 zur Veröffentlichung der umfangreichen, noch nicht endgültig ausformulierten Märchenmanuskripte zu bewegen, scheiterte.

Die Rose (in FBA als Erzählung eingeordnet) nennt Brentano im Untertitel »ein Märchen«; er schrieb diesen Text, der mit seinen geheimnisvollen Gesängen der Erzählung *Der Sänger* nahesteht, vermutlich Anfang 1800 (FBA 19,453) und orientierte sich an den Märchenerzählungen, die Ludwig Tieck seit 1796 veröffentlicht hatte. Tieck spricht bei seiner *Liebesgeschichte von der schönen Magelone* von »alten guten Mährchen« und bearbeitet in dieser Erzählung und verwandten Texten wie dem *Tannhäuser* Stoffe alter deutscher Volksbücher für das zeitgenössische Publikum. Brentano nimmt auch in dieser Gattung, die im Grenzbereich von Erzählung und Märchen anzusiedeln ist, die frühromantischen Vorbilder auf. Er wählt eine Episode aus dem altfranzösischen *Roman de Perceforest* (erste Hälfte des 14. Jahrhunderts) als Quelle (vgl. FBA 19,454–470). Thema ist die Treueprüfung einer Frau, ein geläufiges Motiv europäischer Erzähltradition. »In der französischen Vorlage widersteht die Frau des Ritters den Versuchungen, indem sie, gemeinsam mit ihrer Kammerfrau, die Versucher überlistet und in ein Turmzimmer sperrt. Als der inzwischen eifersüchtig gewordene Ritter zu seiner Frau heimkehrt, führt sie ihm die Eingesperrten vor« (Kluge, ebd., 455).

Bis zu dieser Auflösung kommt es in Brentanos Text

nicht. Im Zentrum steht ein gemeinsames, lyrisch ausformuliertes Naturerlebnis des Ritters Margot mit dem befreundeten König Dringinwalde, die sich nur widerwillig einer Wette beugen und auf Veranlassung von Margots Feinden zwei Ritter aussenden, um die Treue von Margots Frau Bernharda zu erproben. Mit einem geheimnisvollen Gesang, den Bernharda und ihre Amme Else wahrnehmen, endet das Fragment. Treueprobe und Gegenlist (und damit die Pointe der Vorlage) stehen in Brentanos Fassung noch aus, und es gibt keine Hinweise darauf, daß er an einer Fortsetzung arbeitete.

Der Märchenton, den die Deutschen seit der Publikation der *Kinder- und Hausmärchen* (1812) der Brüder Jacob (1785–1863) und Wilhelm Grimm (1786–1859) als prototypisch empfinden, fehlt bei Tieck und Brentano noch. Für diese frühromantischen Märchen und Erzählungen gilt: »Einfachheit, Schlichtheit, Herzlichkeit und Volkstümlichkeit des Tons verbinden sich [...] mit einem bewußt subjektiven Erzählen, das die stoffliche Vorlage reflektiert und durch Ironie, Satire und Witz eine Distanz zwischen der erzählten Geschichte, dem Erzähler und dem Leser erzeugt« (Kluge, ebd., 455 f.).

Die Rose wurde in der Zeitschrift *Memnon* veröffentlicht, deren ersten und einzigen Band Brentanos Freund August Klingemann 1800 herausgab. Die Resonanz im Kreis der Frühromantiker war eher negativ, und Tieck verspottete Brentanos Text in seiner Literatursatire *Der neue Hercules am Scheidewege, eine Parodie* (1800):

Die Natur ist immer natürlich,
So bin ich auch gleichsam figürlich,
Ach Gott! die Rose ist ein schönes Kind
[...] (FBA 19,457)

Pläne zu einer größeren Sammlung bearbeiteter Märchen entwickelte Brentano bereits 1805. Der Appell zur Sammlung von Volksliedern, der im Dezember 1805 im *Kaiserlich privelegirten Reichs-Anzeiger* erschien, nennt am Schluß auch »mündlich überlieferte Sagen und Märchen« als Sammelobjekt, und im gleichen Monat schreibt Brentano seinem Freund Arnim:

> Ich denke auf Michälis [zur Herbstmesse 1806], wenns zuschlägt, die Italiänischen Kindermährchen für Deutsche Kinder zu bearbeiten, [der *Wunderhorn*-Verleger] Mohr wills nehmen, ich will wo möglich die kleinen Bilderchen selbst dazu kritzeln [...]. (Schultz, 323)

Offensichtlich denkt Brentano an eine deutsche Bearbeitung der berühmten Märchensammlung von Giovan Battista Basile, die er selbst illustrieren will. Es geht um das sogenannte *Pentamerone*, das zur Vorlage seiner *Italienischen Märchen* wurde und auch Quelle von einigen Märchen der Brüder Grimm ist. Zugleich beginnt Brentano jedoch auch, mündlich tradierte Texte aufzunehmen. Überliefert sind neun »Volksmärchenskizzen«, die er vermutlich zwischen 1805 und 1810 aufzeichnete (vgl. Rölleke, B 6: 1977a, 105–116). Auch die Übernahme dänischer Märchen und des »Machandelboom und Buttje«, die Philipp Otto Runge in pommerscher Mundart übermittelt hatte, war vorgesehen. Unter den Titeln *Von dem Machandelboom* (Nr. 47) und *Von dem Fischer un syner Fru* (Nr. 19) gingen sie in die *Kinder- und Hausmärchen* der Brüder Grimm ein; Brentano bearbeitete sie dann jedoch nicht.

Obwohl Brentano Ende 1809 den Verleger noch einmal an das Projekt erinnerte und in einem Brief an Runge Mitte 1810 das Einverständnis von Mohr und Zimmer mitteilte, kam das Projekt nicht weiter. Die Brüder Grimm, die Brentano zum Märchensammeln angeregt hatte, brachten ihre Pläne mit großem Fleiß zur Reife und Publikation, während Brentano anfing, weitausladende, arabeskenartig ausgeschmückte Bearbeitungen zu formulieren, die sich von den Vorlagen weit entfernen und als selbständige Kunstmärchen angesehen werden müssen. Im September 1810 schreibt er den Brüdern:

> Ich habe jezt angefangen, Kindermährchen zu schreiben, und ihr könnt mir eine große Liebe erweißen, wenn ihr mir mittheilt, was ihr derart besitzet; da ich sie ganz frei nach meiner Art behandle, so entgeht euch nichts dadurch, und ihr kommt mir, dadurch zu Hilfe. Sendet mir doch was ihr habt. (FBA 32,283)

Brigitte Schillbach nimmt an, daß es das Rahmenmärchen zu den *Märchen vom Rhein* war, mit dem Brentano begann (FBA 17,349). Die Art der Quellenverarbeitung – das läßt sich an den Basile-»Bearbeitungen« und den fertiggestellten Binnenmärchen des Rheinmärchen-Zyklus erkennen, die gleichsam in Konkurrenz zu den Grimm-Texten entstanden – unterscheidet sich grundlegend. Brentano arbeitet – wie er im Brief betont – »ganz frei«; er läßt seinen phantastisch wuchernden Einfällen großen Spielraum, so daß kunstvoll gestaltete Märchentexte entstehen, während die Brüder Grimm ihre Vorlagen auf leicht überschaubare Grundmuster reduzieren und in Sprache und Aufbau möglichst schlicht und – wie sie selbst glauben – kindgerecht bleiben. Während Arnim und Brentano auch bei tradierten Stoffen von einem poetischen Recht (oder gar einer Pflicht) des modernen Bearbeiters ausgehen, die Texte poetisch aufzubereiten, halten die Brüder Grimm an der Fiktion fest, sie hätten die reine, die ursprüngliche Form der einzelnen Stoffe aus der korrupten und apokryphen Tradition wiedergewonnen. Um eine heutigen Ansprüchen genügende präzise Aufzeichnung oder »Edition« von mündlich Überliefertem handelt es sich jedoch weder bei Brentano noch bei den Brüdern Grimm. Jeweils liegen romantisierende Bearbeitungen vor; die Texte unterliegen jedoch konträren Stilisierungstendenzen.

Bei den Rheinmärchen Brentanos ist dies besonders deutlich. Wie bereits Brigitte Schillbach in ihrer kommentierten

Edition innerhalb der Frankfurter Brentano-Ausgabe zeigen konnte, liegt eine einzelne Quelle oder die Aufzeichnung mündlich tradierter »Ammenmärchen« in diesem Falle nicht zugrunde. Brentano fabuliert unter Verwendung bekannter Sagenstoffe und einer großen Zahl von Quellen disparater Art (vgl. Schillbach im Kapitel »Quellen und Einflüsse«, FBA 17,394–423). Er verbindet etwa die auf den Weserort Hameln bezogene Rattenfängersage (die er bereits im *Wunderhorn* verarbeitet hatte) mit der Geschichte vom Mainzer Erzbischof Hatto und bezieht sie auf den (Mäuse-)Turm der Rheininsel bei Bingen. Er personifiziert die »Aderlaßmännlein« der zeitgenössischen Kalender (kleine Bildchen, an denen der Kalenderbesitzer ablesen konnte, wann er bei welchem Leiden am besten zur Ader lassen sollte; vgl. ebd., Abb. 3). Er aktiviert die lokalen Sagen, die sich um die verfallenen Burgen des Rheintals ranken, und belebt sie mit erfundenen Gestalten und Geschichten, zu denen seine Phantasie oft nur durch Orts- und Geschlechternamen (wie Katzenelnbogen oder die Burgenbezeichnungen »Katz« und »Maus«) angeregt wurde.

Die Wiederbelebung der von den Franzosen zerstörten Burgen des Rheintals ist dabei zugleich verstecktes politisches und poetologisches Programm: Brentano schafft (im Sinne von Schlegels Postulat) neue (oder erneuerte) Mythen, was besonders in der Lureley-Geschichte deutlich wird. Die Ballade aus dem *Godwi* erweiternd, entwickelt er eine Genealogie der Lureley, die einerseits vom antiken Echo-Mythos inspiriert ist, dann jedoch zur Verkörperung der Poesie wird. Der Wassermann nennt sie eine »Tochter der Phantasie«. Aus deren Ehe mit dem schönen Jüngling »Wiederhall« entspringen als Geschwister der Lureley: Echo, Accord und Reim (FBA 17,110); der Müller Radlof ist ihr Sohn, und »sieben Jungfräu lein« mit sprechenden Namen wie Herzeleid, Liebeseid, Liebesfreud und Liebesneid sind ihr zugeordnet (ebd., 251–256).

Zug der Nebenflüsse zu Vater Rheins Wasserschloß
Kupferstich von Edward von Steinle zu den Rheinmärchen (vermutlich 1854)

Brentano benutzt alchimistische Literatur, die auf Paracelsus zurückgeht, ebenso wie die kurz zuvor editorisch erschlossene mittelhochdeutsche Heldenepik (vgl. Schultz, B 3: 1995, 22–34). Eine große Rolle spielen die vier Temperamente und vier Elemente, und es gelingt Brentano – ähnlich wie in *BOGS, der Uhrmacher* –, eine Kosmologie zu entfalten, die der geforderten »neuen Mythologie« nahekommt. Auf Grund der politischen Situation kommen nationale, antifranzösische Aspekte hinzu: Der Rhein wird zur Landschaft einer deutschen Mythologie mit Vater Rhein und archaisch-mittelalterlichen Burgen, die nach der Zerstörung durch die Franzosen nun wieder neu belebt werden.

Sorgfältig muß jedoch bei diesem Thema die spätere national-chauvinistische Umdeutung des Loreley-Mythos, die sich etwa in der Annäherung von Loreley und Germania nach dem Krieg 1870/71 zeigt, von Brentanos Intentionen unterschieden werden. In einem »Mahnruf an das deutsche Volk« zur Errichtung eines Loreley-Denkmals formulierte Johann Christian Glücklich 1874 und erneut 1903:[3]

> Wie »Germania, die Stolze« das Ideal deutscher Kraft, deutscher Einheit ist, so sei ihre Schwester, die »Loreley«, das Ideal deutschen Kunstsinns, deutschen Sangs und deutscher Poesie!

Als Brentano 1810–12 seine Rheinmärchen entwarf, war Deutschland französisch besetzt und suchte nach nationaler Identität. Die romantische Dichtung versucht diese Entwicklung durch Wiederbelebung der Tradition deutscher Dichtung zu stützen, wobei alt- und mittelhochdeutsche Texte ebenso wie lokale Sagen und Märchen entdeckt und verarbeitet werden. Mit übersteigertem Nationalbewußtsein und Chauvinismus, wie er sich in der zweiten Hälfte des 19. Jahrhunderts entwickelte, hatte diese Rückbesinnung auf tradierte Stoffe – auf das *Hildebrands-* und *Nibelungenlied*, die Minnelyrik, auf Hartmann von Aue, Gottfried von Straßburg und andere mittelhochdeutsche Autoren – nichts zu tun, und die Lureley-Figur selbst ist bei Brentano noch nicht Sinnbild eines deutschen Herrschaftsanspruchs oder einer spezifisch deutschen Dichtkunst. Mit ihrem Rückbezug auf die Antike und das Melusinen-Geschlecht hat sie vielmehr europäische Ahnen.

Brentanos Lureley lebt in einer gläsernen Wohnung im Rhein unterhalb des Felsens in einem Bereich, in dem auch der Nibelungenschatz verborgen ist. Mittelhochdeutsche Nibelungenepik, der bereits im *Godwi* entworfene Lureley-»Mythos«, romantisch-poetologische Vorstellun-

3 Vgl. Wolfgang Minaty (Hrsg.), *Die Loreley. Ein Lesebuch*, Frankfurt a. M. 1988, S. 128.

gen vom musikalischen Schönklang der Poesie (in Echo, Accord und Reim): all dies fließt in Brentanos Geschichten seiner Märchen-Lureley ein. Bereits mit Heines *Loreley*-Dichtung (1823) und ihrer populären Vertonung durch Friedrich Silcher (1838) verselbständigte sich jedoch diese Figur. Brentanos komplexe mythologisierende Erweiterung der Lureley-Geschichte in den Märchen war zu diesem Zeitpunkt noch unbekannt, da Brentanos Rheinmärchen erst postum 1844/45 erschienen. Statt dessen ging schon Heine davon aus, daß es sich um ein »Märchen aus alten Zeiten« handelt, und das Lied wird über die Männergesangsvereine und Studentenverbindungen populär und bildet bis heute das Zentrum einer Rhein-»Romantik«, die im 19. Jahrhundert nationalistische Züge entwickelte, heute jedoch ausschließlich touristische Aspekte entfaltet. Daß es Clemens Brentano war, der die Geschichte von der Loreley erfand, ist dabei vergessen worden.

Auch die Brüder Grimm und ihre Märchen sind mit der romantischen Idee einer Wiedererweckung deutscher Ursprünge eng verbunden. Sie verfolgen jedoch ein völlig anderes poetologisches Konzept. Während Brentano disparate Quellen europäischen Bildungsguts zu phantastischen, vielschichtigen Märchentexten verschmelzen will, suchen sie nach der schlichten, ursprünglichen, reinen Form des jeweiligen Märchens. Es ist ihnen bewußt, daß Brentano »anders damit [mit dem gesammelten, ihm übergebenen Material] verfährt, als wir es im Sinn hatten« (Jacob an Wilhelm Grimm, 16. August 1809; FBA 17,348). »Die Kindermärchen muß man ihm allerdings zusenden, es entgeht uns wirklich nichts, da er sie sehr vergrößern und verbrillantieren wird« (Wilhelm an Jacob Grimm, September 1810; ebd., 351). Brentano dagegen findet die *Kinder- und Hausmärchen* (1812) der Grimms langweilig und begründet sein Votum Achim von Arnim gegenüber in einem Brief vom Februar 1813 folgendermaßen:

> [...] das Ganze macht mir weniger Freude, als ich gedacht. Ich finde die Erzählung, (aus Treue) äußerst liederlich, und versudelt, und in Manchen dadurch sehr langweilich, wenngleich die Geschichten sehr kurz sind, Warum die Sachen nicht so gut erzählen als die Rungenschen erzählt sind, sie sind in ihrer Gattung vollkommen. Will man ein Kinderkleid zeigen, so kann man es mit aller Treue, ohne eines vorzuzeigen, an dem alle Knöpfe herunter gerißen, das mit Dreck beschmiert ist, und wo das Hemd den Hosen heraushängt. [...] der dort so sehr gepriesene Basile in seinem Pentamerone oder Cunto delli Cunti, der als Muster aufgestellt wird, zeigt sich nichts weniger als also treu, da er die Mährchen nicht allein in einen erzählenden Rahmen gefaßt sondern sie auch mit allerlei eleganten Reminiscensen und so gar mit Petrarchischen Versen bespickt [...]. (Schultz, 674 f.)

Es ist die europäische Kunstmärchentradition, der sich Brentano anschließt. Er »verbrillantiert« die Texte, schafft – insbesondere mit den Rheinmärchen und dem *Gockel*-Märchen – komplexe arabeskenartige Gebilde mit hohem literarischen Anspruch.

Wann die einzelnen Binnenmärchen entstanden sind, läßt sich nicht sicher sagen, da es an detaillierten Zeugnissen zur Entstehungsgeschichte fehlt. Ähnlich wie das Romanzenprojekt verfolgt Brentano sein Märchenprojekt über einen längeren Zeitraum, doch spricht er in seinen Briefen immer nur von Plänen, und stichhaltige Hinweise auf konkrete Arbeit am Material gibt es so gut wie gar nicht. Brigitte Schillbach geht davon aus, daß für die Jahre 1810–12 »Produktion und erste Veröffentlichungspläne« anzusetzen sind und 1815–16 »neuerliche Herausgabepläne« entwickelt werden (FBA 17,314). Zwischen 1825 und 1828 kommt es zum Druck von Textabschnitten in der Zeitschrift *Iris* und 1831 zu Abschriften des gesamten Materials durch Böhmer.

Diese buchartig gebundenen Abschriften sind neben den postum von Guido Görres 1844 gedruckten Fassungen (die ebenfalls auf Brentanos verschollene Handschriften zurückgehen) die einzigen Textzeugen, die allen Publikationen (mit Ausnahme der zwei Fassungen des *Gockel*-Märchens) bis heute zugrunde liegen. Zahlreiche Inkonsequenzen (wie wechselnde Namen), Lücken und offensichtliche Lesefehler dokumentieren, daß Brentano diese Märchentexte nie endgültig bearbeitet hat. Auch die 1834–37 auf Böhmers Initiative entwickelten Pläne für eine Sammelausgabe führten nur im Falle des *Gockel*-Märchens zu einer durchgreifenden (und zugleich ausufernden) Überarbeitung und zur Spätfassung des *Fanferlieschen*.

Nach Erkenntnissen von Brigitte Schillbach betrachtete Brentano die in der Editionsgeschichte später getrennten Zyklen (Rheinmärchen und italienische Märchen) als Einheit. Für den Rahmen dachte er ursprünglich an das nach Basiles Vorbild geformte *Märchen von den Märchen oder Liebseelchen* (wozu Friedrich Schinkel 1815 ein Aquarell als Titelbild entwarf; vgl. Ausst.-Kat. 1970, nach 98, sowie die Korrektur der Datierung FBA 17,433). Dann formulierte er den Text *Das Mährchen von den Mährchen am Rhein*, aus dem sich als neuer Rahmen das *Rheinmärchen* entwickelte (FBA 17,336–339). Zur Einbettung der italienischen Märchen (unter Einschluß des alten Rahmentextes *Liebseelchen*) kam es nicht mehr, obwohl Brentano eine neue Fassung des Rahmenmärchens immerhin begann. Seinen Plan entfaltete Brentano selbst in einem Brief an den Verleger Reimer vom 26. Februar 1816:

> Der Plan des Buches ist folgender. Durch ein mährchenhaftes Geschick gerathen alle Kinder der Stadt Mainz und auch die Kronprinzessin Ameleya in die Gewalt und Gewahrsam des alten Flußgottes Rhein und wohnen bei ihm in einem gläsernen Haus. Ein Müller von feenhafter Abkunft wird der Bräutigam

der Prinzessin und König von Mainz, nun sitzt er auf seinem Thron vor den Bürgern immer Morgens am Fluß, und da werden Mährchen erzählt, denn der alte Flußgott hat sich erboten, jedes einzelne Kind gegen ein an seinem Ufer erzähltes Mährchen herauszugeben. Dieses ist der Eingang [...]. Die erste Erzählung womit der König seine Braut selbst von dem Rheine auslöst, eröffnet die Mährchenreihe [...], nun erzählt ein armer Fischer ein Mährchen, Murmelthierchen, um sein geliebtes Kind [...] auszulösen, [...] dann erzählt ein Schneider ein Mährchen [...], um seinen Sohn auszulösen [...]. So weit ist das M[anu]s[kri]pt fertig.
(Zit. nach: FBA 17,338 f.)

Neben den genannten Auslösemärchen bildet auch der Abschnitt *Radlof erzählt seine Reise* ein eigenständiges Märchen. Alle drei Binnenmärchen gehen auf Vorlagen zurück, die Brentano von den Brüdern Grimm auf mehrfaches Drängen erhalten hatte. Die Umstände der Übergabe, die als Quellen fungierenden Texte und weitere aus dem *Wunderhorn*-Material stammenden Elemente hat Heinz Rölleke in Editionen und Aufsätzen erläutert.[4] Radlofs Erzählung basiert auf dem Grimm-Text *Der Mond und seine Mutter* (Nr. 36 in der *Ältesten Märchensammlung*), jedoch benutzt Brentano auch dessen Vorlage aus Johannes Daniel Falks *Grotesken, Satyren und Naivitäten auf das Jahr 1806* (Tübingen 1806). Ähnlich verfährt er beim *Märchen vom Murmelthier*, wo neben der Grimm-Fassung (*Murmelthier*, Nr. 37 in der *Ältesten Märchensammlung*) ebenfalls deren Quelle *Die Wassernymphen* aus *Die junge Amerikanerinn, oder Verkürzung müßiger Stunden auf dem Meere* von Brentano herangezogen wurde. Die Fassung der *Kinder-*

4 Vgl. Rölleke, »Die älteste Märchensammlung der Brüder Grimm. Synopse der handschriftlichen Urfassung von 1810 und der Erstdrucke von 1812«, Cologny-Genève 1975, sowie »Die Hauptquelle zu Brentanos Märchen vom Murmeltier, in: »Jahrbuch des Freien Deutschen Hochstifts«, 1979, S. 237–247.

Die betende Marzibille
mit dem Goldfischchen und dem Weißmäuschen

Kupferstich von Wilhelm Hensel zu den Rheinmärchen (1818) nach einer Bisterzeichnung Brentanos

und Hausmärchen verarbeitet er im *Märchen vom Schneider Siebentodt*, das in der – ebenfalls benutzten – handschriftlichen Urfassung der Grimms den Titel trägt *Vom Schneiderling Däumerling* (Nr. 14) und in der gedruckten Fassung heißt (*Des Schneider) Daumerlings Wanderschaft* (*Kinder- und Hausmärchen*, Nr. 45). Das Verfahren ist typisch für Brentanos Umgang mit den Quellen und entspricht genau dem Vorgehen bei der Erarbeitung der *Wunderhorn*-Texte: In der Regel werden mehrere Vorlagen herangezogen und Motive und Formulierungen in freiem poetischen Spiel miteinander verknüpft. Brigitte Schillbach spricht mit Recht von einem assoziativen Verfahren (FBA 17,395). Sie weist in exemplarischen Konkordanzen (ebd.,

415 f.) die Herkunft einzelner Elemente nach, betont jedoch zugleich, daß Brentano keineswegs eine neue »Fassung« der Märchen (im Sinne der Editionsphilologie) erarbeitet. Der oft in diesem Zusammenhang benutzte Begriff »Kontamination« (in der Editionswissenschaft für eine Verbindung oder Mischung mehrerer Fassungen gebräuchlich) ist in diesem Zusammenhang ebenso irreführend wie beim *Wunderhorn*, denn es handelt sich eher um eine »Zusammenschöpfung«, eine dichterische Verarbeitung von Motiven verschiedener Texte, die keinen Anspruch erhebt, eine »Edition« oder Rekonstruktion überlieferter Texte zu sein.

Einzelne Lieder des *Wunderhorn* spielen im Schneidermärchen ebenfalls eine Rolle. Da Brentano Texte der Liedersammlung übernimmt, die er selbst formte, liegen Selbstzitate vor (ebd., 418). Satirisch wird im *Märchen vom Murmeltier* zugleich der Hauptfeind der Heidelberger *Wunderhorn*-Bearbeiter, Johann Heinrich Voß, angegriffen.

Solche literarisch-satirischen Angriffe und Anspielungen durchziehen alle Märchen Brentanos, und in den Rheinmärchen müssen selbst die Brüder Grimm einige Federn lassen. In einem Lied des Wassermanns erscheinen sie als Forscher, die im Rhein nach dem Schatz der Nibelungen suchen und – wie die ebenfalls genannten Kollegen Friedrich Heinrich von der Hagen (1780–1856) und Bernhard Joseph Docen (1782–1828) – viele Scherben an den Tag bringen. Bei ihrer mühsamen, trocknen Arbeit vergreisen sie vorzeitig (ebd., 108). Noch einmal wird in dieser Gedichteinlage die unterschiedliche Intention der Herausgeber und der Poeten deutlich. Während Brentano versucht, unter Verwendung alles nur verfügbaren Quellenmaterials ein neues Kunstwerk zu schaffen, bemüht sich eine Reihe von Forschern, die mittelhochdeutschen Quellentexte nach den Handschriften erstmals zu edieren und einen »ursprünglichen« oder »authentischen« Text aus mehreren Überlieferungsträgern zu »rekonstruieren«. Germanistik und romantische Dichtung entstehen parallel, z. T. unter Benutzung der gleichen Quellen. Brentano läßt sich dabei eher von der europäischen Kunstmärchen-Tradition eines Basile leiten: Er benutzt literarische Elemente, die von Kindern kaum verstanden werden, und spricht eher die »Erfindsamkeit« und das Bildungspotential der Eltern an, indem er Sprach-, Personen- und Standessatiren (ebd., 420) integriert. Wir finden sie bei Basile ebenso wie bei Perrault und Brentano, während solche Elemente bei den Brüdern Grimm – und nachfolgend in der Tradition des deutschen Märchens im 19. Jahrhundert – weitgehend getilgt wurden. Daß Brentano dennoch mit Bezug auf seine Märchen von Kindermärchen spricht, erklärt sich einerseits daraus, daß er von einem idealisierten (von praktischer Kinderpsychologie gänzlich unbeeinflußten) Begriff des »Kindlichen« ausgeht, andererseits aus der Vorstellung, daß die Erwachsenen beim Vorlesen die kindgerechte Aufbereitung übernehmen oder selbst wieder zu »Kindern« werden.

Das erste Binnenmärchen des Rheinmärchen-Komplexes erzählt von Radlofs Reise. Nach dem Selbstmord seines Staren, des schwarzen Hans, der sich vor seinem Tode als Fürst von Sta(h)renberg zu erkennen gibt, macht sich der Müller auf die Reise, um nach dessen Testament den Grubenhansel (identisch mit Johannes) im Schwarzwald aufzusuchen. Dort wird eine Trauerprozession für Radlofs Star veranstaltet, die über einen See führt. Im Angesicht der Lureley geht das Schiff mit der Trauergemeinde unter und gelangt in das Unterwasserreich der Lureley. Dort wird der schwarze Hans bei seinen Ahnen in einer Kapelle bestattet, und Lureley gibt sich als dessen und Radlofs Mutter zu erkennen. Radlof wird die Mainzer Regentschaft antreten. Zuvor berichtet jedoch Frau Mondenschein (dem Element Luft zugeordnet) von ihren Erlebnissen: von dem Verlust des »Schicksalseis«, von der Begegnung mit dem Vater Mond – der seinerseits die Grimmsche Geschichte von dem Kleideranmessen erzählt (FBA 17,183) –, von ihrer Ehe mit dem Mondschäfer Damon und ihrem Kind Johannes. Zentral für alle Erzählungen aus der Lureley-Genealogie ist das Melusinen-Motiv. Der Partner aus der Menschenwelt muß bei der Ehe versprechen, den Geheimnissen seiner Frau nicht nachzuspionieren. In seiner Neugier entdeckt er jedoch deren dämonischen Ursprung, der in der periodisch wiederkehrenden Verwandlung in ein Wasserwesen (Nixe) oder Luftwesen (Vogel) offenbar wird. So verrät Damon Frau Mondenschein; zur Strafe wächst sein Bart in einen goldenen Tisch ein. Zugleich wird ihr Stamm (nach dem Verlust des Schicksalseis) in Staren verwandelt (ebd., 194).

Die Begegnung mit Frau Edelstein (dem Element Erde zugeordnet) führt zu einer weiteren Binnengeschichte (innerhalb des Binnenmärchens). Frau Edelstein berichtet von Johannes und ihrer Ehe mit dem Grubenhansel, aus der der Sohn Veit hervorgeht. Als letzte berichtet Frau Phönix Federschein (dem Element Feuer zugeordnet). Sie war mit Veit von Starenberg verheiratet; ihr Sohn ist Jakob, der Kohlenjockel. Durch Intrige von Eule und Kuckuck läßt sich Veit (gegen seinen Schwur) dazu bringen, seine Frau an ihrem Verwandlungstage als Vogel zu fangen. Am Tage der Silberhochzeit geschieht der Anschlag, doch Frau Federschein steigt als Phönix aus ihrem Scheiterhaufen wieder auf. Erzählerin des letzten Binnenmärchens ist Lureley, die von ihrer Liebe und Ehe mit Christel von Starenberg erzählt. Lureley steht in der Melusinen-Tradition und verlangt von ihrem Partner, daß er dem Geheimnis ihrer Herkunft nicht nachforscht. Es sind ihre Kinder, die zunächst das Geheimnis ihrer Herkunft lüften und ihre Nixennatur erkennen. Zur Strafe werden sie verwandelt, Sohn Georg in eine weiße Maus, Phillip in einen Goldfisch. Als auch der Ehemann Christel die Lureley verrät, nimmt sie ihm das Gedächtnis. Christel heiratet erneut; in seiner Ehe mit der Königin von Trier werden die Kinder Rattenkahl und Mauseohr geboren. Derweil nimmt sich der Vater Rhein des verlassenen Radlof an, der von einem Wassermann erzogen wird und den in einen Staren verwandelten Bruder als

Freund gewinnt. Hier schließt sich der Bogen zum Ausgangspunkt von Radlofs Erzählung. Radlof wird nun als König von Mainz anerkannt und heiratet Ameley.

Das *Märchen vom Murmelthier* erzählt von der Begegnung des »reisenden Wasserfräuleins« Lureley mit dem jungen Hirtenmädchen, das von Mutter Wirkx und Schwester Murksa – ähnlich wie Aschenputtel – gequält und mit der Bezeichnung »Murmelthier« gehänselt wird. Beim Abschied wechseln die beiden ihre Kleider, und Murmelthier erhält alle Perlen und Edelsteine, die der Lureley beim Kämmen aus dem Haar fallen. Wirkx und Murksa verdächtigen sie des Diebstahls und nehmen ihr alle wertvollen Dinge wieder ab. Sie flüchtet daraufhin zur Lureley, die im Brunnen übernachtet, und wird von der Brunnenfrau Else freundlich aufgenommen und frisch eingekleidet. Zu Hause wird sie jedoch für alle Dienstleistungen und mitgebrachten Schätze ausgeschimpft, auch der Versuch der Schwester, selbst mit der Brunnenfrau Kontakt aufzunehmen, führt zu ihrer Bestrafung. Während Murmelthier Blumen aus den Haaren fallen, wenn sie sich kämmt, sind es bei der Schwester Schilf und Stroh. Bei weiteren Sanktionen hilft ein Biber dem unglücklichen Murmelthier. Mit dem Müller Kampe, der Besuch von einem Erdfräulein namens »Wurzelwörtchen« erhält, spielt Brentano auf den Sprachforscher und -puristen Joachim Heinrich Campe (1746–1818; Bearbeiter des *Robinson*) an. Im Märchen heiratet Kampe das Erdfräulein, und aus ihrer Ehe geht der Sohn Voß hervor (Anspielung auf den Heidelberger Gegenspieler der Romantiker, Johann Heinrich Voß, 1751–1826), der seinen Vater durch die Erfindung von 300 000 neuen deutschen Wörtern ins Grab bringt. Mehlstaub setzte sich jedoch auf die schönen neuen Redensarten, und der gelehrte Müller kapselt sich von seiner Umwelt mehr und mehr ab (FBA 17,282). In seiner Bosheit hatte Kampe dem sprachgewandten Biber die Sprache geraubt, und erst die Umarmung mit Murmelthier gab sie ihm wieder zurück und ermöglichte die Rückwandlung in einen Fischer. Unterstützt von Biber gelingt es Murmelthier, zu dem böswilligen, menschenfeindlichen Müller vorzudringen; mit einem Sack voll Mehl und Blumensträußen kehrt das Mädchen zu seiner Familie zurück und wird erneut gescholten. Der Versuch von Mutter und Schwester, es dem erfolgreichen Murmelthier nachzutun, scheitert wieder kläglich; die Schwester gerät in Gefangenschaft des Müllers.

Durch den Gesang einer Amsel erfährt Murmelthier schließlich, daß sie ein Findelkind und ihre vermeintliche Mutter eine Zigeunerin ist. Ein angereister Ritter Konrad identifiziert sie als eigene Schwester und Tochter des Königs von Burgund, die von der Zigeunerin Wirkx gestohlen worden war. Murmelthier zieht mit dem Bruder Konrad nach Burgund und nimmt auch Wirkx und Murksa freundlich auf, obwohl sie sich betrügerisch eingeschlichen haben und erneut Intrigen spinnen. Den Kontakt zum befreundeten Biber hat Murmelthier mittlerweile verloren, ihre Suche ist jedoch erfolgreich, und bei der Wiederbegegnung verwandelt er sich in einen schönen Fischer, den sie heiratet. In der Hochzeitsnacht entgehen die beiden nur knapp einer bösen Intrige von Wirkx und Murks. Ihr Glück wird allerdings durch politische Ereignisse bald gestört. Verbündet mit dem einheimischen Adel taucht ein mächtiges Heer auf (eine Anspielung auf die Franzosen) und bedroht Burgund. Mit der Formel »lebt wohl allerliebste Unterthanen, laßt euch regieren von wem ihr wollt« (FBA 17,301), verlassen Murmelthier und Biber Burgund und ziehen nach Biberich und Mainz. Die Tochter ihres Glücks nennen sie Ameleychen.

Das *Märchen vom Schneider Siebentodt auf einen Schlag* verarbeitet Motive aus den Schneider-Gedichten des *Wunderhorn* und dem *Daumerling*-Märchen der *Ältesten Märchensammlung* der Brüder Grimm. Brentano verlegt die Geschichte nach Amsterdam und beginnt mit Phantasien zu den »Seelenverkäufern«, die er nicht nach geläufiger Bedeutung als marode Schiffe vorstellt, sondern als Marktschreier, die aufgespannte Seelen verkaufen und vertauschen. Zugrunde liegt eine Darstellung der menschlichen Seele (punktiert auf einer Art von aufgespanntem Laken) im *Orbis sensualium pictus* von Johann Amos Comenius (Nürnberg 1682; vgl. FBA 17, Abb. 4). Die dann geschilderten Abenteuer der Schneider beginnen mit einem Kampf gegen die Juden, die in ihrer Schule den »langen Tag« (deutsche Bezeichnung für Jom Kippur) gefangenhalten. Den Schneidern gelingt es, diesen Tag zunächst zu befreien. Der Bock, auf dem sie ihn dann festgenäht bewahren, entwischt jedoch bei Schneefall wieder.

Das Däumling-Motiv ist bestimmend für den weiteren Verlauf: Der Vater des Erzählers, der listige Schneider Siebentodt, kämpft erfolgreich gegen Laus und Floh, nimmt es mit einem Riesen auf, schlüpft unter einen Fingerhut, erschlägt sieben Fliegen auf einen Streich, besiegt ein Wildschwein und das Einhorn. Als die Königstochter Lilie die versprochene Hochzeit mit dem winzigen Schneider dennoch nicht vollziehen will, verbundet er sich mit einer Räuberbande und hilft dieser bei der Plünderung des königlichen Schatzes. Weitere Abenteuer bringen ihn in den Bauch einer Geiß und eines Fuchses, der auf dem Hühnerhof von einer Magd mit einer Mistgabel erstochen wird. Diese Magd entpuppt sich als seine frühere Geliebte, die ihn nun heiraten kann und ihm, dem Schneidermeister in Mainz, das Söhnlein Garnwichserchen gebiert, das mit der Erzählung befreit wird.

Die *Italienischen Märchen* sind auf den Kontext der Auslösemärchen noch nicht bezogen, weil Brentanos Projekt der Basile-Bearbeitungen älter ist als die Rheinmärchen. Die Versuche, eine bestimmte Edition der Basile-Texte, die sowohl in neapolitanischem Dialekt wie in italienischer Hochsprache in differierenden Auflagen kursierten, als einzige Quelle von Brentanos *Italienischen Märchen* auszumachen, scheiterte. Ein Exemplar aus seinem Besitz, das heute in der Universitätsbibliothek Marburg aufbewahrt wird, trägt im Inhaltsverzeichnis einige Anstreichungen des Dichters, diente jedoch zweifellos nicht als einzige Vorlage (vgl. Richter, B 6: 1986, 234–242). Wiederum hat Brentano nachweislich mehrere Fassungen herangezogen.

Grundlage des konzipierten Rahmenmärchens *Das Märchen von den Märchen oder Liebseelchen* ist *Lo Cunto de li Cunti*. Brentano folgt der Vorlage recht genau und berichtet vom König von Schattenthalien, der seine Tochter Liebseelchen (mit dem Spitznamen Trübseelchen) mit allen Mitteln zum Lachen zu bringen sucht. Nur einmal, als er den Schloßvorplatz mit einem Ölbrunnen versehen hat und eine französische Tanzlehrerin, die bei den Kindern verhaßt ist, auf dem glitschigen Öl zu Fall kommt, gelingt es ihm vorübergehend, seine Tochter aufzuheitern. Die Tanzlehrerin ist jedoch eine böse Fee, die den Fluch ausspricht, Liebseelchen müsse Prinz Röropp aus seinem Marmorgrab herausweinen. Nach diesem Spruch geht sie in Flammen auf. Unterwegs zum Grab des Prinzen hilft Liebseelchen drei alten Mütterchen, die sich als ihre guten Feen erweisen und ihr drei Zaubernüsse schenken. Der Versuch, eine Urne voller Tränen für den Prinzen zu weinen, mißlingt; Liebseelchen schläft ein, und eine böse Mohrin namens Rußika raubt den Krug, füllt ihn auf, wird zur Braut des Prinzen Röropp und gebiert ihm ein Kind. Liebseelchen versteht es jedoch, durch Tanzen den Prinzen auf sich aufmerksam zu machen. Die Mohrin versucht dies zu unterbinden und setzt ihren Gemahl immer wieder mit der Drohung unter Druck, sie werde das Kind mit einer Nadel totstechen. So kommt sie in den Besitz eines Vogels, einer Goldglucke und einer Spinnpuppe, die Liebseelchen durch ihre Zaubernüsse erhalten hatte. Die Spinnpuppe läßt sich jedoch von der Nadel der Rußika nicht einschüchtern und gibt zu erkennen, daß sie von dem Betrug der Mohrin weiß. Zugleich verlangt sie, daß man ihr in zehn Tagen fünfzig Märchen erzählen müsse, um sie beim Spinnen zu unterhalten. Damit ist eine

»klassische« Situation zum Märchenerzählen gegeben. Bei einem Wettbewerb werden geeignete Erzähler ausgewählt, und der Zyklus beginnt mit dem *Märchen von dem Myrtenfräulein*.

Den Schluß des Rahmenmärchens hat Brentano nie formuliert, vermutlich weil das Rahmenmärchen des Rheinmärchen-Zyklus an seine Stelle treten sollte. Statt dessen hat er mit dem *Märchen vom Schnürlieschen* eine »unvollendete Neufassung und Erweiterung des *Liebseelchen* [entworfen]; vielleicht als die früheste der späten Umarbeitungen nach 1831 oder erst nach 1835 anzusetzen« (W 3,1092). In dieser Fassung hat der König (genannt Talisqualis) das Weinen in seinem Land (Soso) gänzlich verboten. Seine Tochter erhält von ihm die Erlaubnis, Kranke zu trösten, und wird dann zu der französischen Erzieherin Marquise de Pimpernelle gerufen. Bei ihr liegt das Kind Schnürlieschen im Sterben, das – wie Pimpernelle und alle ihre Zöglinge – in ein enges Korsett geschnürt ist. Vor ihrem Tod berichtet Schnürlieschen, wie sie mit ihrem Bruder am Bach gegen alle Warnungen das Kräutlein Pimpernelle gepflückt habe und daraufhin von der Marquise entführt worden sei. Liebseelchen läßt das gestorbene Schnürlieschen zum Schloß tragen und ordnet die Kinder des Erziehungsinstituts zu einem Trauerzug, während die Erzieherin in Ohnmacht fällt. Damit endet Brentanos Entwurf.

Vorlage des *Myrtenfräulein* ist *La Mortella* (*Der Heidelbeerzweig*), ein Märchen mit dem verbreiteten Motiv des Blumenmädchens. Berichtet wird von einem kinderlosen Töpferehepaar, das statt des langersehnten Kindes nach einer Gewitternacht einen frischen Myrtenzweig auf den Kissen findet. Eingepflanzt und liebevoll gepflegt, wächst der Zweig zu einem Myrtenbaum heran. Prinz Wetschwuth (verballhornt aus »Wedgewood«, dem aus England stammenden Gebrauchsgeschirr) in der nahen »porzellanenen Hauptstadt« wird krank vor Sehnsucht nach diesem Myrtenbaum, den die Töpferleute nicht verkaufen wollen. Unter der Bedingung, daß sie selbst den Baum begleiten und als Diener beim Prinzen angestellt werden, willigen sie schließlich ein. Im Zimmer des Prinzen beginnt es aus dem Bäumchen zu sprechen, und ein Myrtenfräulein erfreut ihn jede Nacht mit ihrem Gesang. Mit einem Netz fängt er das Fräulein ein und überredet sie, seine Gemahlin zu werden. Sie verspricht, zur Hochzeit auf ein Glockenzeichen aus der Myrte zu treten. Neun böse Fräulein, die sich ebenfalls Hoffnungen auf den Prinzen gemacht hatten, dringen jedoch in sein Zimmer ein, als er auf der Jagd ist, zerrupfen den Baum und zerstückeln das Myrtenfräulein. Eine zehnte teilt dem Gärtner die Bluttat mit, und die beiden begraben gemeinsam die Überreste unter dem Bäumchen. Die Myrte treibt jedoch unter der Pflege ihrer Eltern und des Prinzen erneut aus und teilt dem Prinzen mit, daß ihr noch neun Triebe fehlen, die über das Land verstreut sind. Auf seinen Aufruf bringen die bösen Jungfrauen die abgebrochenen Triebe zurück, da sie hoffen, dafür den Prinzen zu gewinnen. Er bleibt jedoch bei seiner Wahl des wiedergeborenen Myrtenfräuleins und verdammt die Rivalinnen unter die Erde, so daß von ihnen nur das Fünffingerkraut als Erinnerung bleibt.

Das Märchen von dem Witzenspitzel (*Corvetto* bei Basile) handelt von dem gewitzten »Edelknaben« Witzenspitzel, der als Liebling des Königs von Rundumherum den Neid des gesamten Hofstaates auf sich zieht. Die konkurrierenden Diener bringen den König dazu, immer höhere Anforderungen an Witzenspitzel zu stellen, die dieser aber allesamt bewältigt. Zunächst soll er dem Riesen Labelang sein Pferd Flügelbein rauben, mit dem der König erfolgreich um die Königin Flugs wirbt, dann soll er die kostbaren Kleider des Riesen herbeischaffen und schließlich dessen Schloß. Mit vielen Listen, bei denen er das Personal des Riesen (den Löwen Hahnebang, den Wolf Lämmerfraß und den Bär Honigbart) und schließlich diesen selbst samt Frau Dickedull aus dem Wege schafft, löst Witzenspitzel seine

Aufgaben und erhält zum Schluß die Tochter der Königin Flugs, Fräulein Flink, zur Frau.

Das Märchen von Rosenblättchen – in der Vorlage *La Schiavottella* (*Die Küchenmagd*) – erzählt von der Prinzessin Rosalina, die eine Vorliebe für Rosen und Kämme hat. Den Heiratsantrag eines Prinzen Immerundewig schlägt sie aus, weil sie gerade von ihren sechs Kammerfräulein gekämmt wird. Ihre Ablehnungsformel, daß sie sich ebensowenig mit ihm vermählen werde wie ein Rosenstock mit einem Kürbis, wird jedoch beim Wort genommen. Eine alte Zauberkünstlerin bringt ihr im Auftrag des Prinzen einen monatlich blühenden Rosenstock in einem Kürbis verpackt. Die Bedingung der Fee, mit ihr zu Mittag zu speisen und monatlich ein Fest zu Ehren der Monatsrose zu feiern, akzeptiert sie. So ißt sie zu Mittag Kürbiskerne und verschluckt beim Fest ein Rosenblättchen, das sich beim Sprung über den Strauch gelöst hat. Ihr Kind, das aus dieser »Ehe« (der Prinz hat sich in den Rosenstrauch verwandelt) hervorgeht, wird Rosenblättchen genannt. Die Weigerung, es der Alten zu zeigen, führt zu dem Fluch, daß das Kind nach sieben Jahren totgekämmt werden wird. Die Ereignisse ähneln dann dem Schneewittchen-Märchen der Brüder Grimm, denn ein vergifteter Kamm versetzt das Kind in todesähnlichen Schlaf, den es in sieben gläsernen Särgen verbringt. Derweil ist die Mutter vor Gram gestorben, und der Bruder, der ihr die Rosengärten angelegt hatte, ist mit einer bösen Frau verheiratet. Diese mißachtet das Verbot, den Raum mit dem Glassarg zu betreten, weckt das mittlerweile herangewachsene Rosenblättchen auf (als der vergiftete Kamm aus dem Haar fällt) und quält es als Magd. Ihr Mann, Herzog von Rosmital, erfährt von diesen Vorgängen nichts und erfüllt der Magd – wie dem gesamten Gesinde – einen Wunsch. Rosenblättchen verlangt u. a. nach einer Puppe und vertraut dieser Puppe ihre ganze Leidensgeschichte an. Dadurch erfährt der Herzog schließlich die Wahrheit, verstößt seine Frau und verheiratet Rosenblättchen mit einem vornehmen Prinzen. Der längst verdorrte Monatsrosenstrauch beginnt wieder zu wachsen, und Mutter und Vater erscheinen Rosenblättchen in diesem Strauch.

Im Märchen von dem Baron von Hüpfenstich – bei Basile *La Polece* (*Der Floh*) – regiert der König Haltewort, der alle Versprechungen wörtlich erfüllt. Als seine Frau bei der Geburt einer Tochter stirbt und ihr letzter Satz beginnt: »Meine Tochter will wissen ...«, nennt er seine Tochter Willwischen. Sein Versprechen, die Mutterstelle an ihr zu vertreten, versucht er ebenfalls wörtlich zu erfüllen und verweigert ihr eine Amme. An deren Stelle findet er jedoch eine alte Frau, die neben ihren sieben Kindern auch Willwischen nährt. Als er sie fortschickt, spricht die Fee, die später als Frau Woche (mit sieben Wochentagen als Kindern) identifiziert wird, ihren Spruch und weist den König an, »dem ersten Verbrecher, der dich beleidigt, und sollte er dich auch bis aufs Blut stechen, zu verzeihen und ihn mit dem besten, was du hast zu ernähren« (W 3,348). So zieht der König den Floh, der ihn noch in derselben Nacht sticht, zu einem riesigen Floh heran, der als Baron Hüpfenstich (und »geheimer Geschwindigkeitsrat«) in seinen Hofstaat integriert wird. Die Intrige eines neidischen Rittmeisters läßt ihn die Tochter des Königs entführen. Hüpfenstich wird gefangen und verurteilt. Man läßt ihm die Haut abziehen und verspricht demjenigen die Königstochter, der diese Haut identifiziert. Es ist der Menschenfresser Wellewatz, der die Bedingung erfüllt. Doch der Königstochter gelingt es, mit Hilfe der Frau Woche und ihrer sieben Söhne dem Riesen zu entfliehen. Mit großer List wird der verfolgende Menschenfresser von den einzelnen Wochentagen immer wieder ins Schloß zurückgeschickt. Baron Hüpfenstich, dessen Seele in den Teig eines Hofbäckers geflohen war, lebt als Kuchenhusar wieder auf und entpuppt sich als »wunderschöner Prinz«, als die Prinzessin weisungsgemäß den Kuchenhusaren anknabbert. »Der alte König Haltewort aber heiratete die Frau Woche zur Belohnung ihrer edlen Handlungen, und die sieben Söhne kriegten jeder ein Regiment« (ebd., 368). Der junge Prinz erhält die Hälfte des Landes.

Das Märchen von dem Dilldapp (bei Basile: *Lo Cunto de l'Uerco – Der wilde Mann*) berichtet von einer armen Schneidersfrau, die sich mit ihren drei Töchtern nur mühsam von ihrem Gewerbe ernährt. Der Sohn Dilldapp ist dumm, aber herzensgut und versteht alle Anweisungen falsch, indem er statt Wachs Flachs, statt Zwirn Birn bringt usw. (ebd., 370). Die Mutter wirft ihn schließlich aus dem Haus, und er kommt in einer abgelegenen Höhle zu einem großen, fetten Ungeheuer, das sich als artverwandt herausstellt und ihn gütig aufnimmt. Gemeinsam fressen die beiden sich durch den Tag, bis Dilldapp träumt, seiner ältesten Schwester gehe es nicht gut. Er macht sich auf den Weg nach Hause und wird von seinem Popanz mit einem Goldesel versehen, der ihm bei der ersten Übernachtung von einem betrügerischen Wirt vertauscht wird und bei der Vorführung zu Hause versagt. Die Mutter vertreibt ihn daraufhin erneut, der Popanz nimmt ihn wieder freundlich auf, und das gleiche wiederholt sich mit einem Tischleindeckdich bei der zweiten Schwester. Abhilfe schafft schließlich (ähnlich wie in Grimms Märchen *Tischchendeckdich, Goldesel und Knüppel aus dem Sack*; *Kinder- und Hausmärchen*, Nr. 36) der magische Knüppel, der den Wirt dazu bringt, alle vertauschten Gegenstände wieder herauszugeben. Die beiden älteren Schwestern befreit Dilldapp mit seinem Knüppel aus den Händen eines Schauspieldirektors, während er die dritte im Wirtshaus vorfindet. Ruiniert wurde die Schneiderfamilie durch die ständig wechselnde französische Mode, und so ist es logisch, daß Dilldapp seine magischen Gegenstände auch dazu benutzt, Schwestern und Mutter mit altdeutscher Tracht und deutschen Namen zu versehen. Er selbst nennt sich nun deutscher Michel. Deutlich sind damit die Anspielungen auf die aktuelle politische Situation, und der Kommentar der *Werke* (3,1091) vermutet hier eine Überarbeitung des Textes nach 1815.

Das Märchen von Fanferlieschen Schönefüßchen geht auf Basiles *Lo Dragone* (*Der Drache*) und die Genovefa-Legende zurück. In der Zeit zwischen 1805 und 1811 entstand eine erste Niederschrift, 1817 eine überarbeitete Fassung (vgl. ebd.). König Jerum führt in Brentanos Märchen eine Schreckensherrschaft in der Stadt Besserdich. Während sein Vater Laudamus sich des Rates einer weisen Alten namens Fanferlieschen bedient, plant er, die Waisenkinder in ihrer Obhut zu vergiften. Fanferlieschen verwandelt sie jedoch in Tiere und lehrt sie weiterhin wie in einer Akademie, bis der König die Ziege Ziegsar mit einem Pfeilschuß verletzt und Schönefüßchen aus Zorn darüber die Bürger des Landes dazu bringt, den König zu verjagen. Jerum lebt seitdem im Ländchen Bärwalde (dem Besitztum des befreundeten Achim von Arnim bei Jüterbog mit Wiepersdorf und dem burgartigen Schloß Bärwalde), während Schönefüßchen das Regiment in Besserdich übernimmt. Jerum holt sich seinen Rat bei einem großen hölzernen Götzen namens Pumpelirio Holzebock, der jedoch sein Orakel nur verkündet, wenn ihm ein Menschenopfer gebracht wird. Jerum opfert ihm der Reihe nach seine Ehefrauen, denen er nach dem Mord nicht einmal ein Grab bereitet (möglicherweise angeregt durch Tiecks *Blaubart*). Schließlich will er die eigentliche Besitzerin von Bärwalde, Fräulein Ursula, die bei Fanferlieschen in Besserdich lebt, heiraten. Ursula wird durch viele Zeichen unterwegs vor dem nahen Unheil gewarnt, u. a. begegnet sie den Geistern der Ermordeten. Als König Jerum mit seiner Horde und fünfzig Messern über sie herfallen will, kommt der Vogel Neuntöter ihr zu Hilfe, dessen Brut Ursula zuvor gerettet hatte. Jerum wird von den eigenen Messern verletzt, die Vögel ihm entwendet haben und auf ihn richten, überlebt jedoch und gibt den Befehl, Ursula zu töten. Statt diesen Auftrag auszuführen, mauern zwei mitleidige Diener sie in einen Turm ein. Dort hilft ihr wieder der Neuntöter zu überleben. Sie gebiert einen Knaben Ursulus, der sich, als er herangewachsen ist, aus dem Turm abseilt und in der angrenzenden Küche von Jerum beschäftigt wird. Ursulus nennt sich Kommtzeitkommtrat und gewinnt das Herz des Königs, der sich unter seinem Einfluß bessert. Schließlich ist er sogar bereit, die ermordeten ehemaligen Ehefrauen zu begraben. Jedoch hat er ständig gegen die Intrigen seiner neuen Frau Würgipumpa zu kämpfen. Als Fanferlieschen blind wird, empfiehlt sie ätzenden Schwalbenkot als Heilmittel, und bei der Anwendung wird Ursulus verhaftet. Erst mit Hilfe der Vögel kann das Gegenmittel aus Fischgalle gewonnen werden. Der entflohene Ursulus bewährt sich dann als Ritter und tötet Pumpelirio Holzebocke in drei Gestalten. Jerum, der seine Untaten büßen möchte, will dort sterben, wo seine Frau Ursula umgebracht wurde. Als bekannt wird, daß sie noch in ihrem Turm lebt, hackt er selbst die Mauer auf, und es kommt zu einer Versöhnung. Ursulus wird als sein Sohn identifiziert, die verzauberten Tiere werden wieder in Menschen verwandelt, so daß der Kammerherr Neuntöter nun das Ländchen Bärwalde übernehmen kann. Jerum stirbt, und Ursula bleibt beim Schäfer wohnen, während Fanferlieschen als »guter Geist« durch die Lüfte davonfliegt und ihre Pantoffeln für die Gemahlin des Ursulus fallenläßt. Im Himmel vereinigt sie sich mit dem Geist des gestorbenen Schäfers, den sie (auf antike Mythen anspielend) als alten Freund Damon bezeichnet. Die Bezüge zum Sternbild des Großen Bären (Ursula und Ursulus sind die lateinischen Bezeichnungen für Bär) durchziehen das ganze Märchen, das allerdings auch mit biographischen Anspielungen auf Arnim, Bettine und ihr Wiepersdorfer Umfeld sowie Brentanos Freundin Luise Hensel durchsetzt ist.

Vom *Fanferlieschen* hat sich eine Spätfassung erhalten, die »keine eigentliche Neufassung, sondern eine Erweiterung dar[stellt]. Sie stammt mit Sicherheit aus den Jahren 1836 bis 1838. Die Gestalt des Fanferlieschens läßt Luise

Hensel als das versteckte Vorbild noch stärker durchschimmern; die satirischen Anspielungen auf die modernen Freiheits-, Aufklärungs-, Bildungs- und Erziehungsideale sind vermehrt worden; ebenso die frommen Szenen und Betrachtungen; auch Brentanos Altersprüderie hat sich eingemischt« (W 3,1129).

Das Märchen von dem Schulmeister Klopfstock und seinen fünf Söhnen basiert auf Basiles *Li cinco Figlie*. Brentano zieht jedoch auch das Märchen von den drei Brüdern aus den *Notti piacevoli* des Gianfrancesco Straparola (gest. um 1557), Grimmelshausens *Simplicissimus*, den *Meermann* in Wilhelm Grimms *Dänischen Heldenliedern* (Heidelberg 1811), die Tell-Sage und den sogenannten *Laufner Don Juan* heran (vgl. W 3,1105). Der Schulmeister Klopfstock, durch Brand um sein Dorf, sein Schulhaus und seine Schüler gebracht, schickt seine fünf Söhne für ein Jahr zum Lernen »in alle Welt«. Sie sollen sich entsprechend ihrem Beruf betätigen, und auf die Frage der Kinder, was ein Beruf sei, antwortet der Lehrer: »Euer Name ruft euch.« So reagiert der erste Sohn, als vorbeigehende Leute seinen Namen Gripsgraps artikulieren. Trilltrall reagiert auf Vogelgezwitscher und verschwindet im Wald, Piffpaff treibt es zu den Schützen, Pinkepanke zum Apotheker (nach dem Mörserklang) und Pitschpatsch zu den Schiffsbauern. Als sie sich nach einem Jahr wieder beim Vater einfinden, ist Gripsgraps zu einem Dieb geworden und Trilltrall zu einem ungepflegten Waldmenschen, der zunächst sprachlos scheint und sich von rohem Kohl, Fliegen und Spinnen ernährt. Der Vater läßt ihn daher zunächst vor der Tür stehen, während ihn die Fähigkeiten der anderen Söhne überzeugen. Pinkepanke hat das Kräutlein Stehauf entdeckt, mit dem er Tote auferwekken kann, Pitschpatsch eine verwundete Meerjungfrau gerettet und beim Aussaugen der Wunde durch das süße Blut die Fähigkeit gewonnen, auch unter Wasser zu leben.

Im Zentrum des Märchens steht jedoch die Erzählung von Trilltrall, der von der Begegnung mit einem Tier berichtet, das ihn bellend auf einen Baum verfolgt, dann jedoch mit heller Stimme das Lied des Einsiedlers aus dem *Simplicissimus* (»Komm Trost der Nacht, o Nachtigall!«) anstimmt und sich später als Holzapfelklausner und Vogelsprachforscher zu erkennen gibt. Er übergibt – bevor er sich in sein selbstgegrabenes Grab legt und stirbt – Trilltrall die Aufgabe, den Vögeln »reines Vogeldeutsch« ohne französische Wörter beizubringen – eine Anspielung auf die sprachpuristischen Tendenzen und den Dichter Klopstock, der sich auch im Namen Klopfstock verbirgt. Höhepunkt des Abenteuers von Trilltrall ist die Begegnung mit der Prinzessin Pimperlein und ihrem Hanswurst, die auf der Suche nach einem verlorenen Glöckchen sind und durch Mithilfe des Einsiedlers und eines Raben auf den rechten Weg gebracht werden. Der Rabe erweist sich jedoch als Betrüger und lockt sie in eine Falle des Riesen Knarratschki. König Pumpan setzt darauf sein halbes Reich und ihre Hand für die Befreiung Pimperleins aus, und Klopfstock und alle Söhne machen sich sogleich auf den Weg. Unter Einsatz aller gelernten Fähigkeiten und Listen befreien sie die Prinzessin, werden jedoch noch in ihrem Schiff von dem Riesen, der sich Fledermausflügel umgetan hat, verfolgt. Erst der gezielte Schuß von Piffpaff tötet ihn, worauf sein Körper auf das Schiff fällt und die Prinzessin tot scheint. Die Zauberarznei Stehauf von Pinkepanke erweckt sie jedoch wieder zum Leben. Zur Wahl des Bräutigams aufgefordert, entscheidet sie sich für Trilltrall.

Das sogenannte *Gockel*-Märchen trägt bei Basile den Titel *La preta delo Gallo* (*Der Hahnenstein*) und umfaßt etwa 10 Seiten. Die Spätfassung Brentanos dagegen hat im Erstdruck einen Umfang von fast 350 Seiten. Die an das »Großmütterchen« Marianne von Willemer gerichtete Zueignung und der Anhang *Aus dem Tagebuch der Ahnfrau* enthalten neben biographischen Anspielungen auch die Essenz der Kunstauffassungen des späten Brentano. Das ausführlich geschilderte Kinderreich im Frankfurter Haus zum Golde-

Titelkupfer zum *Märchen von Gockel, Hinkel und Gackeleia* (1838)
Lithographie nach Zeichnungen von Maximiliane Pernelle
und Ludwig Emil Grimm, die auf eine Skizze Brentanos zurückgehen

nen Kopf wird zum Ländchen Vadutz, dieses wird zum Symbol des »verlorenen Paradieses«, nach dem sich auch die Erwachsenen zurücksehnen. Dichtung hat die Aufgabe, diese kindlichen Wünsche im Erwachsenen wiederzuerwekken. Brentano selbst ist – wie er in der Zueignung mitteilt – von Goethes Mutter (Frau Rath) prophezeit worden:

> Wo dein Himmel, ist dein Vadutz
> Ein Land auf Erden ist dir nichts nutz.
>
> Dein Reich ist in den Wolken und nicht von dieser Erde, und so oft es sich mit derselben berührt, wirds Tränen regnen. – Ich wünsche einen gesegneten Regenbogen. Bis dahin baue deine Feenschlösser [...] auf die geflügelten Schultern der Phantasie [...]. (W 3,626)

Damit stilisiert sich Brentano indirekt selbst zum ›Homo poeta‹, zu einem Menschen, der nur für und in der Kunst lebt. Das aber heißt, das frühromantische Postulat steckt noch in diesem Werk des späten Brentano.

Das Märchen selbst beschreibt die gräfliche Familie des Rauhgrafen Gockel von Hanau, die mit dem Stammhahn der Familie, Alektryo, und seinem Stammhuhn Gallina zusammenlebt. Nach einer Intrige war Graf Gockel von König Eifrasius von Gelnhausen als Hühnerminister entlassen worden und mit Frau Hinkel und Kind Gackeleia in die Ruine des Stammschlosses Gockelsruh eingezogen, wo er sich im einstigen Hühnerstall ärmlich einrichtet. Bei der Ankunft rettet Gockel zwei weißen Mäusen (dem Prinzen von Speckelfleck und seiner Braut Prinzeß von Mandelbiß) das Leben, als sie von einer Katze bedroht werden. Nachdem er die Mäuse über einen Fluß gebracht hat, begegnet er drei alten Juden, die ihm für den Hahn Alektryo im Tausch einen Bock und eine Ziege anbieten. Die drei, die später als Petschierstecher (Grafiker, die Wappen auf Petschaften übertragen) vorgestellt werden und die auch die Entlassung Gockels bewirkt hatten, wissen aufgrund einer alten Inschrift in der Schloßruine, daß Alektryo den Ring Salomos

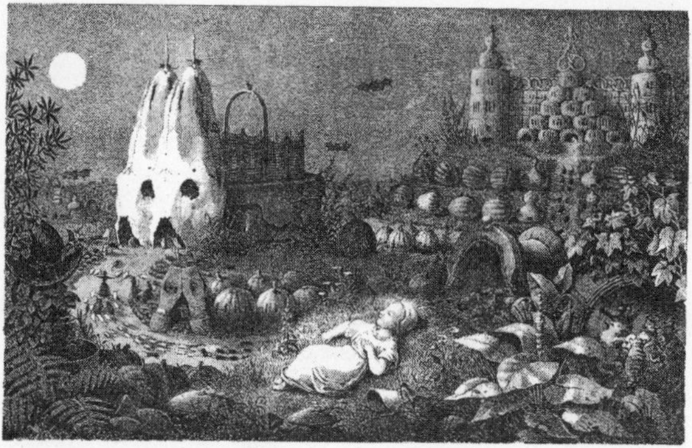

Die Residenz des Mäusekönigs,
Illustration zum *Märchen von Gockel, Hinkel und Gackeleia* (1838)
Lithographie nach Zeichnungen von Maximiliane Pernelle
und Ludwig Emil Grimm

in seinem Kropf trägt, und stellen ihm nach. Gefährliche Situationen für den Hahn entstehen, als das nichtsahnende Kind Gackeleia eine Katzenfamilie zu der mit dreißig jungen Hühnchen gesegneten Gallina führt und diese die Küken verschlingen. Mutter Hinkel und Gackeleia beschließen daraufhin, den Hahn Alektryo als Mörder der Küken darzustellen. Als Gockel die Geschichte glaubt und den wiederaufgetauchten Petschierstechern den Hahn verkaufen will, beginnt der Gockel zu sprechen und verlangt, mit dem alten Grafenschwert geköpft zu werden. Die Wahrheit über den Tod von Henne und Küken kommt an den Tag, und Gackeleia soll zur Strafe für immer auf das Spielen mit Puppen verzichten. Endlich kommt Gockel dem Wunsch des Stammhahns nach, köpft ihn mit dem Schwert und nimmt den geheimnisvollen Ring aus dem Kropf an sich. Dieser erweist sich als Wunschring, und die Familie findet sich über Nacht in ihrem prunkvollen Schloß in Gelnhausen wieder. Die Petschierstecher führen Gackeleia jedoch mit einer mechanischen Laufpuppe und dem Spruch »Keine Puppe, es ist nur / Eine schöne Kunstfigur« in Versuchung, und das Mädchen verschafft ihnen im Tausch für diese »Kunstfigur« für kurze Zeit den Ring, den die bösen Alten rasch gegen eine Doublette vertauschen. Auf diese Weise gerät die Familie Gockel erneut in Unglück und Armut. Erst das Auftauchen der Puppe, in der die Prinzessin Mandelbiß als »Motor« gefangen gehalten wird, bewirkt die glückliche Wendung. Aus Dankbarkeit für die Wohltaten Gockels hilft die Maus der Familie, führt Gackeleia in das Mäusereich und ermöglicht mit einer List, den Ring den drei Petschierstechern wieder abzujagen. Gerade hatte einer der Juden die anderen beiden in Esel verwandelt und wähnte sich sicher, als die Maus ihn durch Biß in den Finger zum Ablegen des Ringes während des Schlafes veranlaßte. So wird auch der dritte in einen Esel verwandelt, und der Ring gelangt wieder in den Besitz der damit erneut prosperierenden Familie Gockel. Die letzten Wünsche bringen Gackeleia den Bräutigam Prinz Kronovus und verwandeln die ganze Hochzeitsgesellschaft in eine Kindergesellschaft, der Alektryo das *Märchen von Gockel, Hinkel und Gackeleia* gerade erzählt.

In der Spätfassung des Märchens, die an der Handlung wenig ändert, ist dieser Schlußteil mit der Hochzeit Gackeleias ausgeschmückt. Eine wesentliche Rolle spielt hier der Blumensarg der Ahnfrau (Gräfin Amey), der von den Blumen dankbarer Armer geschmückt wird. Auch eine genealogische Verbindung zum Ländchen Vadutz wird hergestellt. Der Geist der Ahnfrau ist es, der den auf barocke Emblematik zurückweisenden Spruch zum ersten Mal zitiert:

O Stern und Blume, Geist und Kleid,
Lieb, Leid und Zeit und Ewigkeit!

(W 3,857)

Es ist der Wahlspruch der Ahnfrau, über die ihre Tagebuchblätter nähere Auskunft geben.

Während der Hochzeitsmahlzeit benutzt Gackeleia dann mutwillig den Ring, um alle Gäste in Kinder zu verwandeln. Bevor die Verwandlung abgeschlossen ist, verschlingt Alektryo erneut den Ring. Ein langes Gedicht, in das Brentano auch das bekannte Kindergebet der befreundeten Luise Hensel (*Müde bin ich, geh zur Ruh*) einmontiert hat, beschließt das eigentliche Märchen, dem Brentano jedoch einen umfangreichen Teil *Blätter aus dem Tagebuch der Ahnfrau* anschließt.

Die nach dem Kirchenjahr und Namenstagen geordneten Tagebuchblätter berichten u. a. von Ameys Gründung eines »Ordens der freudig-frommen Kinder« und des Klosters Lilienthal in Vadutz. Sie führen ein geheimnisvolles Büblein ein, das zur Sühne für einen Diebstahl Körner auf den abgeernteten Feldern sammelt und sich im Hühnerstall abarbeitet, sowie eine Freundin Klareta, die immer wieder zur Klostergründung mahnt. Brentano bringt »die Spangen Rebeccas, den Stein Jakobs, den Ring Salomonis mit Vadutz und Hennegau in Berührung«, um die »nahe Verwandtschaft des Volkes Gottes mit dem Lande Hennegau augenscheinlich« zu beweisen (W 3,891). Er verbindet biblische Überlieferungen mit der Kabbala-Tradition und mannigfaltigen Sagen und Volksbräuchen (z. B. zum Johannistag). Integriert ist auch ein Bericht Jakob von Guises über die Lehnskleinodien von Vadutz, der bis zur Schöpfung der Erde zurückführt. Er erzählt von einem Edelsteinfelsen, der bei der Vertreibung aus dem Paradies in zwei Hälften zerfiel:

> Wie nun jetzt im Herzen des Menschen Gutes und Böses, Rechtes und Linkes war, so war auch ein Widerspruch in die Trümmer dieses Felsens gekommen. Alle Stücke der linken Seite wirkten irdisch und leiblich, alle Trümmer der rechten Seite aber himmlisch und geistlich. [...] Überall, wo man Bruchstücke des zer-

Illustration zum *Tagebuch der Ahnfrau* (1838)

Lithographie nach Zeichnungen von Maximiliane Pernelle und Ludwig Emil Grimm. Vorbild ist Philipp Otto Runges *Nacht* (1803)

trümmerten Edelsteinfelsens aus dem Paradiese fand, richteten die Menschen sie auf, salbten sie zu Altären [...]. Der weise König Salomo hatte einen Ring aus einem Edelsteine dieses Felsen, mit dessen Drehen am Finger er alle seine Wünsche erfüllen konnte [...].

(Ebd., 895 f.)

So wird eine Verbindung zum Kern des *Gockel*-Märchens hergestellt, obwohl sich Brentano immer wieder in Einzelheiten verliert und den Text mit gelehrten und autobiographischen Anspielungen durchsetzt, die für die meisten Leser (und besonders für Kinder) unverständlich erscheinen müssen und sich nur den »Adressaten« Emilie Linder, Luise Hensel und Marianne von Willemer völlig erschließen: »viele Züge der goldenen Amey, doch auch der Klareta, deuten auf Emilie Linder; mit den drei Klosterjungfrauen von Lilienthal sind wohl Apollonia Diepenbrock, Pauline Felgenhauer und Luise Hensel gemeint, die 1825 nach Koblenz gingen, um sich dort der Krankenpflege zu widmen; in dem Büblein hat Brentano sich selbst gezeichnet, doch hat er eigene Züge und Erinnerungen auch in die Ahnfrau und den kranken Weber hineingelegt« (ebd., 1101). Was in der Zueignung noch als »Konfession« des Dichters Brentano konzentriert dargeboten wird, mündet im Anhang in einen phantastisch zusammengefügten Text mit unzähligen, aber auch nahezu beliebigen Referenzen. Die Wirkung des Märchens, das sich unversehens in eine schwer durchschaubare Privat-Mythologie wandelt (und damit durchaus moderne Züge annimmt), wird dadurch weitgehend zerstört.

Das Märchen von Komanditchen (nach Basiles *Pinto Smauto*) ist vermutlich nach 1812 entstanden und blieb fragmentarisch (ebd., 1092). Es führt in die Welt des Kaufmanns Seligewittibs-Erben, der durch Spekulationen reich geworden ist. Die Tochter Komanditchen lebt in der Phantasiewelt eines eingerichteten Kaffeefasses, das durch ein geheimes

Guckloch mit dem Kontor verbunden ist (Reminiszenzen an die Speicher im Haus zum Goldenen Kopf). Als der Kaufmann nach ausführlichem Studium von Kalendersprüchen, Börsennachrichten und Zeitungsnotizen zu einer neuerlichen Spekulationsreise aufbrechen will, geht der Schimmel mit Komanditchen durch, und der Ladenpeter kann ihn nur mit Mühe in einem entfernten Wald bändigen. Den Schimmel hatte der Kaufmann von seinem Handelspartner, dem Landkrämer Risiko, als Schuldentilgung erhalten. Wie sich herausstellt, ist Ladenpeter der Sohn dieses Risiko und der Schimmel die verwandelte Tochter. Bei dem Unfall mit dem durchgegangenen Pferd war Komanditchens Vater in ein leeres Ölfaß geraten, das mitsamt seinem Inhalt in die Gewalt von Risiko gerät. Damit beginnt eine sehr erfolgreiche Geschäftsverbindung der beiden Kaufleute, die gemeinsam mit zahlreichen Tricks aus allen Ereignissen (auch dem Krieg) Gewinn ziehen. Der Vater Komanditchens wird schließlich zum Kommerzienrat von Ochsenglück ernannt.

Die Tochter von Risiko ist jedoch bei dem Geschäft um das vermeintlich leere Ölfaß erneut (diesmal in Gestalt einer Taube) verpfändet worden, sie entfliegt ihren Käufern und nistet sich im Kaffeefaß-Vaduz von Komanditchen ein. Ein Storch, dessen Nest ebenfalls Schaden durch die Manipulationen Risikos genommen hatte, gesellt sich dazu. Als Verwandte von Risiko Ansprüche auf den Gegenwert des seinerzeit verkauften Fasses anmelden und damit vom König Recht erhalten, verarmt Risiko erneut, scheidet aus der Firma aus und kehrt in sein Dorf zurück.

Im weiteren Verlauf des Märchens geht es um die Verheiratung Komanditchens. Als sich ehemalige Geschäftspartner des Vaters mit ihren Söhnen als Bewerber einstellen, belauscht sie deren interne Gespräche und lehnt alle Kandidaten ab (obwohl sie – wie sich herausstellt – die Wahrheit über die frühere Geschäftspraxis des Vaters enthüllen). Der Vater rät ihr schließlich: »Wenn keiner dir recht ist, so back dir einen« (ebd., 592). Nach einem Rezept ihrer Mutter formt sie dann einen Prinzen Mandelwandel, dessen »Belebung« Brentano nicht mehr schildert. Das Fragment bricht hier ab.

Neben den erhellenden Interpretationen Wolfgang Frühwalds zur Spätfassung des *Gockel*-Märchens sind es besonders die Arbeiten von Hans-Walter Schmidt (B 2: 1991 und 1993), Andreas Lorenczuk (B 2: 1994) und Bettina Knauer (B 2: 1995), die in jüngster Zeit die Märchentexte Brentanos unter neuen Aspekten überzeugend gedeutet haben. Alle vier Arbeiten belegen, wie komplex diese Brentano-Texte sind, die sich trotz der Motivparallelen mit den Grimmschen *Kinder- und Hausmärchen* nicht auf Ammenmärchen zum Vorlesen für Kinder reduzieren lassen. Es ist vielmehr die Essenz von Brentanos Kunst- und Geschichtstheorie, die hier in kunstvoll miteinander verwobenen, z. T. traditionsreichen Bildern aufscheint. Die Märchentexte Brentanos stehen daher neben den Romanzen im Zentrum interpretatorischer Neuansätze.

Satiren

Die *Philister*-Satire

Brentanos Werk *Der Philister vor, in und nach der Geschichte* erschien 1811 in Berlin, geht jedoch in wesentlichen Textbestandteilen auf die Jenaer Zeit um die Jahrhundertwende zurück. Frühromantisch ist die Verhöhnung des Philisters, die sich z. B. in den frühen Satiren Tiecks, dem *Gestiefelten Kater*, der *Verkehrten Welt* und *Zerbino oder die Reise nach dem guten Geschmack*, als Bestandteil der

Aufklärungskritik findet. In der Studentensprache des 18. Jahrhunderts wurden alle Nicht-Studenten, insbesondere die Vermieter und Bewohner der Universitätsstädte, als Philister geschmäht. In der Romantik wird der Begriff – ähnlich wie schon in Goethes *Werther* – auf alle Bürger angewandt, die von aufklärerischem und utilitaristischem Denken geprägt sind. Gegentyp ist der »poetische«, phantasievolle Mensch, der Sinn für die nicht-rationalen Elemente des Lebens hat, der schöpferisch und »romantisch« ist. So heißt es bei Novalis:

> Philister leben nur ein Alltagsleben. Das Hauptmittel scheint ihr einziger Zweck zu seyn. Sie thun das alles, um des irdischen Lebens willen; wie es scheint und nach ihren eignen Äußerungen scheinen muß. Poesie mischen sie nur zur Nothdurft unter, weil sie nun einmal an eine gewisse Unterbrechung ihres täglichen Laufs gewöhnt sind. In der Regel erfolgt diese Unterbrechung alle sieben Tage, und könnte ein poetisches Septanfieber heißen. Sonntags ruht die Arbeit, sie leben ein bißchen besser als gewöhnlich und dieser Sonntagsrausch endigt sich mit einem etwas tiefern Schlafe als sonst [...]. Den höchsten Grad seines poetischen Daseyns erreicht der Philister bey einer Reise, Hochzeit, Kindtaufe, und in der Kirche. Hier werden seine kühnsten Wünsche befriedigt, und oft übertroffen. (*Athenäum* 1, 1798, S. 94 f.)

Dieses Bild des Philisters, das Joseph von Eichendorff noch 1824 in seinem satirischen Drama *Krieg den Philistern!* aufnimmt und das Bettine von Arnims Denken bis in die Zeit des Vormärz prägt, ist nicht unpolitisch: Es wendet sich gegen die Befehlsempfänger und Autoritätsgläubigen, deren enges Weltbild dazu führt, daß die bürgerlichen Freiheiten in einer Art Selbstbeschränkung immer mehr zugunsten eines Law-and-order-Denkens schrumpfen: »Ruhe ist die erste Bügerpflicht« und »Ruhe und Ordnung« sind die zwei

Parolen, die in die Welt der Philister gehören und die wie Gehorsam und Pflichtbewußtsein Kardinaltugenden der preußisch-deutschen Bürger und Kleinbürger werden. So harmlos und sympathisch diese immer wieder verklärten Eigenschaften des Deutschen scheinen, sie eröffnen zugleich alle Möglichkeiten politischer Entmündigung, Bevormundung und Manipulation. Es ist Verdienst der Frühromantik, die Kritik am deformierten deutschen Untertanen zuerst formuliert zu haben.

Die satirischen Angriffe auf die Philister zu Anfang des 19. Jahrhunderts waren jedoch ebenso heftig wie vergeblich. Selbst die Wiederaufnahme der Philisterkritik im Vormärz konnten Restauration und nationalistische Entwicklungen, die stets auf Staatstreue, kritiklosen Gehorsam und Pflichtbewußtsein bauen konnten, nicht aufhalten.

In der publizierten zweiten Fassung der *Philister*-Satire, die Brentano in Berlin vollendete, identifiziert er Philister und Juden. Aus der allgemeinen Satire des deutschen Spießers mit seinem engen Horizont, seinem Faible für Stiefelwichse, Pfeiferauchen und »gemütlich«-biederes Leben, wird ein antisemitisches Pamphlet. Die Philisterthematik wird eingebettet in die fragwürdige Ideologie der »Christlich-deutschen Tischgesellschaft«, die sich auf dem Nährboden einer durch die französische Besetzung ausgelösten Fremdenfeindlichkeit in der preußischen – Ende des 18. Jahrhunderts noch sehr weltoffenen – Metropole Berlin entwickelt hatte. Philister und Juden wurden von der Mitgliedschaft in dieser Gesellschaft, die Achim von Arnim unter Mitwirkung Brentanos im Januar 1811 in Berlin gegründet hatte, ausgeschlossen. Im März 1811 trug Brentano seine Satire in diesem Kreise vor, noch im gleichen Jahr erschien sie im Druck.

Wie der Text der Jenaer Zeit ausgesehen hat, ist unbekannt, und es gibt nur den Hinweis in den Erinnerungen Ludwig Tiecks, daß Brentano 1799 (zwischen dem 7. und 19. Dezember) seine »Naturgeschichte des Philisters« vortrug und Fichte sich mit den Worten erhoben habe: »Nun werde ich euch aus dieser Geschichte beweisen, daß eben der Brentano hier der erste und ärgste unter allen Philistern ist«.[5] In den *Werken* (2,1209) werden vor allem die drei Kapitel über den *Philister vor, in und nach der Geschichte* (ebd., 970–986) mit der Jenaer Zeit in Verbindung gebracht. Demnach wären die vorangestellten »Sätze, die verteidigt werden können«, und die erläuterten Illustrationen spätere Zugabe. Dafür spricht, daß die antisemitischen Bestandteile gerade dort sehr deutlich sind. Da in der Bibel Philister und Juden verschiedene, miteinander verfeindete Stämme sind, bedarf es besonderer argumentativer Anstrengungen, um sie beide als Verkörperungen des Bösen zu »identifizieren«. »Kein Jude kann Philister sein. [...] Juden und Philister sind entgegengesetzte Pole; was bei den ersten in den Samen, ist bei den letzteren ins Kraut geschossen«, formuliert Brentano (ebd., 963), und in der »Erklärung der Kupfertafel« heißt es:

> Diese Figur stellt einen Kompaß vor [...]. Der Philister macht mit dem Unterteil des Juden den Nordpol, der Jude mit dem Unterteil des Philisters den Südpol, beide treten die Welt mit Füßen, und umarmen sich allein selbst, um sich ihren ineinander verliebten Widerwillen gegeneinander zu bezeigen, und halte ich diese Figur für das Abbild aller Schlangen in allen Paradiesen. (Ebd., 1007, zu vergleichen mit Abb. 4)

Ganz im Sinne der Frühromantik ist die »Schilderung eines Musterphilisters« (ebd., 987–990) und der »Philistersymptome« (ebd., 990–1003). Nach Brentano lebt der Musterphilister in Wetzlar (vermutlich Anspielung auf den *Werther*, in dem Goethe die Gesellschaft dieses hessischen Ortes schildert und den Philisterbegriff benutzt). Dieser Kleinbürger in einer Kleinstadt ist mit Schlafrock, -mütze

5 *Ludwig Tieck. Erinnerungen aus dem Leben des Dichters von Rudolf Köpke*, Leipzig 1855, Bd. 1, S. 254.

und Pfeife ausgestattet, besitzt Schmierstiefel mit Sporen, die er unablässig wienert, obwohl er nie reitet, und hat keinerlei Sinn für Poesie und Musik:

> Sie [die Philister] können kein ursprüngliches Dichterwerk begreifen, verspotten und parodieren es und schreiben dann doch wässerige Nachahmungen. Sie haben dem »Werther« die empfindsamen Romane, dem »Götz« die Ritterstücke, [...] den Schlegeln, Novalis und Tieck die glaubtraubschraubichten, honigseimleimschleimschlingenden Sonette und Kanzonen (Ganzohnen) nachfolgen lassen [...]. (Ebd., 1000)

Die enge Einbindung des Philisters in das kommerzielle Leben (als Reise vom Buttermarkt zum Käsemarkt karikiert) und die Begeisterungsfähigkeit der studentischen Jugend, die wie Simson in der Bibel gegen die Philister kämpft, faßt Brentano in ein Bild, das bei Eichendorff mehrfach aufgegriffen wird:

> [...] wo die Jugend, dieser sich ewig erneuernde Simson, freudig, im Vertrauen auf göttliche Sterne, das planvolle Segel eines leichten Kahns, weltensuchend, den treibenden Winden des Himmels übergiebt und, rasch auf dem Flügel der Begeisterung über den Meerspiegel des Gottes hinfliehend, häufig die bedächtige, breite Treckschuite der Philister im Grund segelt, welche, mit guten Pässen versehen, kannengießend unter dem Verdecke, auf ihrer Reise vom Buttermarkt nach dem Käsemarkt begriffen sind. (Ebd., 983)

Andere Eigenschaften des von Brentano geschilderten Musterphilisters gehen in die bis heute lebendigen, in der Dichtung von Sternheim (*Bürger Schippel*) bis Heinrich Mann (*Der Untertan*) vielfach aufgegriffenen Vorstellungen vom deutschen Spießer ein. So beschreibt Brentano die »weiße baumwollne Schlafmütze, zu welchem diese Ungeheuer große Liebe tragen« (ebd., 987), das philiströse Bewußtsein von der Notwendigkeit, im bürgerlichen Leben den Schein zu wahren (ebd.), das vermeintliche Philosophieren bei Tabaksqualm (ebd.), die Vorliebe für Uhren und Daten (ebd., 988). Er behauptet, der Philister »sammelt Zeitungen, Wochenblätter und Kommödienzettel, weiß immer wer predigt, geht aber nur des Kredits halber in die Kirche« (ebd., 989), sein Gesichtskreis ist eigentlich ein »Gesichtsviereck« (ebd., 990), und er bevorzugt die »Brotstudien« (ebd.). Philister »haben alle eine Neigung zu Schmierstiefeln« (ebd., 991), »schwätzen [...] immer von Deutschheit, Redlichkeit, und wenn es nur erst zur Reife käme« (ebd.). »Sie können sich denken, das Militär könne etwas bedeuten [...] und haben sich [...] Bachenschwanz' ›Abbildung der sächsischen Armee‹ auf der Auktion gekauft« (ebd.). »Alle Begeisterten nennen sie verrückte Schwärmer [...] und können nicht begreifen, warum der Herr für unsre Sünden gestorben und nicht lieber zu Apolda eine kleine nützliche Mützenfabrik angelegt« (ebd., 992). Das Funktionieren in der bürgerlichen Gesellschaft, die von materialistisch-egoistischen Bedürfnissen bestimmt ist und keinen Sinne für Kunst und Transzendenz hat, sowie das Festhalten an äußerlichen Formen sind ebenso kennzeichnend wie das Faible für Uniformen und »Deutschheit«.

Mit der *Philister*-Satire ist zum erstenmal eine scharfe Kritik am deutschen (Klein-)Bürgertum formuliert, die seither zu den Topoi deutscher Literatur gehört und an Aktualität wenig eingebüßt hat. Obwohl Kapitalismus und Industrialisierung Anfang des 19. Jahrhunderts noch kaum spürbar sind und rückblickend die Verhältnisse geradezu »idyllisch« scheinen, deckt Brentano, indem er die Aufklärungskritik der Frühromantik aufnimmt, die Gefahren der Entwicklung auf, indem er den Typus des »deutschen Spießers« entdeckt und karikierend darstellt, der für die Entwicklung Deutschlands im späteren 19. und frühen 20. Jahrhundert (mit der Entwicklung von Nationalismus, Militarismus und Kapitalismus) wesentlich ist.

BOGS, der Uhrmacher

In seiner Heidelberger Zeit entwarf Brentano gemeinsam mit dem befreundeten Joseph Görres eine weitere Satire, die das Problem des Philisters zum Gegenstand hat. Der barokkisierende Titel des gemeinsam produzierten, 1808 erschienenen Werkes lautet: *Entweder wunderbare Geschichte von BOGS dem Uhrmacher, wie er zwar das menschliche Leben längst verlassen, nun aber doch, nach vielen musikalischen Leiden zu Wasser und zu Lande, in die bürgerliche Schützengesellschaft aufgenommen zu werden Hoffnung hat, oder die über die Ufer der Badischen Wochenschrift als Beilage ausgetretene* KONZERT-ANZEIGE. Der letzte Teil des Titels verrät, daß zunächst ein Beitrag für die Beilage der *Badischen Wochenschrift* vorgesehen war, der Umfang jedoch zu einer separaten Publikation führte.

Der Uhrmacher, der als kolorierter Stich die Titelei ziert, scheint ein typischer Philister. Er hat seinen Beruf »verinnerlicht«, funktioniert wie ein Uhrenrädchen im Getriebe der Gesellschaft und trägt in seinem Gehirn in Miniaturform all die Uhren, die er zu reparieren hat. Höchstes Ziel seines Philisterlebens ist die Mitwirkung an einem Verein, und so bemüht sich BOGS, in die Schützengesellschaft aufgenommen zu werden. Die Begutachtung ergibt jedoch, daß der äußere Eindruck täuscht. BOGS hat zwei Gesichter, von denen das eine unter seinen Haaren versteckt ist. Bei der Beschreibung dieses Januskopfes wird deutlich, daß autobiographische Elemente in die Satire eingegangen sind. Brentano und Görres beschreiben die eigene Physiognomie und das eigene Temperament. Auch im synthetischen, in Versalien gedruckten Namen des Uhrmachers sind beide Autoren versteckt, denn BOGS setzt sich aus Anfangs- und Endbuchstaben von *B*rentan*O* und *G*örre*S* zusammen.

Wichtiger als diese autobiographischen Bezüge ist die Beschreibung des Innenlebens. Verdächtig verhält sich der

Philister BOGS, wenn er Musik ausgesetzt wird. Während eines Konzerts, das er zur Probe besuchen muß, »flippt er aus«, er läßt seinen Empfindungen freien Lauf, glaubt plötzlich eine Figur aus Reuters Schelmenroman *Schelmuffsky* zu sein. Das heißt, in seinem Innern reagiert der Uhrmacher wie ein Romantiker. Er hat Sinn für die phantastischen Kräfte der Musik (wie sie in Wackenroder-Tiecks *Phantasien über die Kunst* beschrieben sind), er liebt die barocke Literatur, die zu den Vorbildern von Arnim und Brentano gehörte (Christian Reuter, *Schelmuffskys warhaftige curiöse und sehr gefährliche Reisebeschreibung zu Wasser und Lande*, 1696/97; vgl. die Anspielung im BOGS-Titel sowie die zahlreichen Zitate im Arnim-Brentano-Briefwechsel). Angesichts dieser Gespaltenheit von BOGS scheint die Aufnahme in die Schützengesellschaft sehr fraglich, und es werden ärztliche Gutachten angefordert. Die Ärzte, darunter »Doktor Sphex« aus Jean Pauls *Titan* (1800–03), bedienen sich der (zeitgenössisch) modernsten Mittel. Zunächst wird der »tierische Magnetismus« angewandt; der Patient wird in »somnambulen Schlaf« versetzt. In heutiger Terminologie würde man sagen, BOGS wird hypnotisiert, ein Verfahren das – unter anderem Namen – in der »romantischen Medizin« und bei Quacksalbern auf Jahrmärkten seinerzeit für Schlagzeilen sorgte. Dann wird ein »Bozzinischer Lichtleiter« zum Einsatz gebracht. Dabei handelt es sich um ein mit Kerzenlicht und einem Spiegel funktionierendes endoskopisches Gerät, das Bozzini erfunden hatte. Brentano und Görres setzen es auf utopische Weise ein. Sie lassen die Ärzte in der Satire über einen hohlen Riechnerv ins Gehirn hineinsehen. Dieser – in der realen Medizin trotz aller Verfeinerungen in den endoskopischen Geräten bis heute nicht mögliche – Blick läßt gleichsam das Unbewußte des Uhrmachers BOGS sichtbar werden. Die Ärzte entdecken Erinnerungen an das Konzert, geheime Wünsche und Obsessionen des Patienten. Die Vielfalt dieser inneren Welt gleicht einem Kosmos, und es nimmt nicht wunder, daß die Autoren sich in Heidelberg mit Mythologien aus aller Welt beschäftigten. Die zahlreichen Anspielungen sind von der Forschung noch kaum entschlüsselt, lassen jedoch die Absicht erkennen, BOGS als einen universellen phantasievollen Menschen darzustellen, der sich nur äußerlich als Pedant und enger Philister gibt.

Die von der Frühromantik initiierte simple Aufteilung der Menschheit in Philister (Bürger) und Künstler (poetische Menschen) wird damit aufgehoben zugunsten der Erkenntnis, daß jeder Mensch zumindest potentiell beide Anlagen in sich trägt. Gerade die extreme und oberflächliche Anpassung an die Gegebenheiten des bürgerlichen Daseins führt dazu, daß sich eine Gegenwelt der Phantasie in den tieferen Schichten der Psyche aufbaut, die im extremen Falle außer Kontrolle gerät. BOGS kann seine Phantasien im Konzert nicht beherrschen, er hat alle seine Emotionen abgeschnürt, verdrängt und unterdrückt, und es bedarf lediglich der Kunst (Musik), um sie freizusetzen. Das bedeutet für die Poetik der Romantik: Nicht allein die Kritik der bürgerlichen Enge ist Ziel der Kunst, sondern die Stärkung der phantastischen Potenzen, die in jedem Menschen verborgen sind. Nicht ein dauerhafter »Krieg den Philistern« (Titel des satirischen Dramas von Eichendorff, 1824), sondern die Selbsterkenntnis, daß Künstlerisches und »Bürgerliches« in jedem Menschen vereint bzw. miteinander im Kampf sind, kann als Fazit aus der Heidelberger Satire gewonnen werden, die wegen ihrer Verrätselung viel weniger rezipiert wurde als die *Philister*-Satire.

Geschichte und Ursprung des ersten Bärnhäuters

In der Heidelberger Zeit im Winter/Frühjahr 1807/08 entstand auch die *Bärnhäuter*-Satire, die in der von Brentano und Arnim herausgegebenen *Zeitung für Einsiedler* 1808 im Juni-Heft erschien. In Form eines Volksbuchs (eine Literaturtradition, mit der sich Joseph Görres in Heidelberg intensiv befaßte; vgl. *Die teutschen Volksbücher*, Heidelberg 1807) verspottet Brentano die Feinde der Romantiker: den Erfolgsschriftsteller August von Kotzebue, Garlieb Helwig Merkel, der zunächst an Kotzebues Zeitschrift *Der Freimüthige* und dann am *Morgenblatt für gebildete Stände* mitgearbeitet hatte, sowie dessen Redakteur Georg Reinbeck und Verleger Johann Friedrich Cotta. Bereits mit ihrer Ankündigung der *Zeitung für Einsiedler* hatten die Romantiker eine Fehde gegen die etablierten literarischen Zeitschriften angezettelt, die nun auch in den Beiträgen der Programmzeitschrift der Heidelberger Romantik fortgesetzt wurde. Den langweiligen Publikationen, die auf das bürgerliche Publikum ausgerichtet waren, sollte ein Publikationsorgan gegenübergestellt werden, das sich an die Träumer (Einsiedler), die phantasiebegabten »poetischen Menschen« und einsamen Leser richtete. Provozierende Kritik gehörte zur *Zeitung für Einsiedler* ebenso wie die Veröffentlichung von Proben der neuen »romantischen« Literatur, die in der Regel aus der älteren deutschen Literatur schöpfte.

Der *Bärnhäuter* bietet beides zugleich: eine Verarbeitung einer barocken Vorlage, nämlich von Grimmelshausens Schrift *Vom Ursprung des Nahmens Bernhäuter* und weiterer Texte aus dem 16. und 17. Jahrhundert (z. B. von Hans Sachs und Jacob Ayrer) wie auch scharfe Kritik an den zeitgenössischen Publizisten, die sich – ihre dominierende Marktposition ausspielend – gegen die »romantische Clique« gewandt hatten.

Das Spiel beginnt in kosmologischen Dimensionen: Landsknechte, die bei einer Schlacht gegen die Türken 1396 gefallen sind, versuchen zunächst in die Hölle zu gelangen. Dort werden sie abgewiesen, weil sie eine weiße Fahne mit rotem Kreuz mit sich führen, »unter welchem die Hölle immer bestritten worden« (W 2,933). Petrus weist die Schar zunächst ebenfalls zurück, läßt sie dann jedoch in den Himmel, weil er den Fluch »Marter, Leiden und Sakrament« als geistliche Formel mißversteht (ebd.). Nur den letzten Landsknecht weist er zurück, weil er dessen toten Hahn für eine Anspielung auf den biblischen Verrat und somit als Verhöhnung des Matthäus-Evangeliums versteht. Die aufgenommenen Landsknechte beginnen bald ihr Glücksspiel, sie streiten und greifen sogar Petrus an, so daß sie aus dem Himmel in das Dorf Warteinweil ausgewiesen werden (ebd., 936). Dieser Ort »zwischen Höll und Himmel« »hat nachmals den Namen [der Sterngruppe] ›Der große Bär‹ erhalten und ist der recht Bärnhäuter-Himmel geworden« (ebd.). Wichtige Quelle für diese Diskussionen mit den Landsknechten ist Hans Sachs' *Gespräch St. Peters mit den Landsknechten* (ebd., 1207).

Derweil ist der abgesonderte Landsknecht mit seinem Hahn in den »papierne[n] Gänsehimmel« geraten. Brentano beschreibt diesen Himmel »nach dem ›GanßKönig‹ des Wolfhart Spangenberg; die Szene im Wirtshaus, die auch in Montanus' ›Gartengesellschaft‹, Kap. 27, steht, teils wörtlich nach dem Schwank des Hans Sachs ›Der teufel läßt kein lantsknecht mer in die helle faren‹« (ebd.). In Brentanos Geschichte versucht der Teufel in zweifacher Gestalt, als verkleideter Landsknecht-Kumpan und hinter dem Ofen lauernd, den versprengten Landsknecht aus dem Gänsehimmel zu entführen. Dabei kommt es zur Erfindung des Bieres (das Gänsefutter Gerste wird in den Gänsewein [= Wasser] gestreut). Als der Landsknecht bei seinem Trinkspruch den Segen Gottes beschwört (vgl. ebd., 939), nehmen die Teufel Reißaus. Aber auch der Landsknecht verschwindet unter

Fluchen »durch das Loch aus dem papiernen Himmel hinaus« (ebd., 940).

Das 3. Kapitel beschreibt die heiligen Tiere im »papiernen Kalender-Himmel« (ebd.). Hier haben sich alle Tiere versammelt, die als Attribute der Heiligen bekannt sind wie »St. Markus geflügelter Löwe«, »St. Oswalds Rabe« und »St. Genovefens Hirschkuh« (ebd., 941). Eine Gesellschaft, die sich gegen diese heiligen Tiere verschworen hat, hält Gericht über sie und vertreibt sie aus dem Himmel. So wird den zwei Mäuslein St. Gertrudis zum Vorwurf gemacht, daß sie die Meßbücher zernagt hätten.

Kleine Schriften

Nacherzählungen

In der *Zeitung für Einsiedler* veröffentlichte Brentano 1808 *Von dem Leben und Sterben des Grafen Phöbus von Foix und von dem traurigen Tode seines Kindes Gaston. Geschrieben um das Jahr 1389 bis 91*. Brentanos Vorlage war Jean Froissarts *Chroniques de France, d'Angleterre, d'Ecosse, d'Espagne, de Bretagne* zu den Jahren 1326 bis 1400. Im Zentrum der deutschen Bearbeitung steht der Graf von Foix und Vicomte von Béarn (1331–91), genannt Phöbus (W 2,809–837; 1198 f.).

Für die Berliner Zeitschrift *Der Gesellschafter oder Blätter für Geist und Herz* bearbeitete Brentano einige Parabeln und Schwänke (ebd., 846–870), die zwischen Juli 1817 und Dezember 1817 erschienen. »Es handelt sich im wesentlichen um Entlehnungen und erneuernde Nacherzählungen aus älteren Werken, Schwankbüchern und Chroniken, wie sie Brentano in großer Zahl selbst gesammelt hatte« (ebd., 1200). Friedhelm Kemp vermutet, daß die Beiträge in den Zusammenhang der »Christlich-deutschen Tischgesellschaft« gehören (ebd.). Anlaß für diese Vermutung ist eine überlieferte Vorrede Brentanos (ebd., 838 f.) zu dieser von Achim von Arnim gegründeten Berliner Gesellschaft. Darin fordert Brentano »die Tischgenossen und Gäste [...] auf, was ihnen an guten Geschichten, oder Schwänken, bekannt geworden, dem allgemeinen Vergnügen nicht vorzuenthalten, es sei die Geschichte aus eigner Erfahrung oder Mitteilung der reichen Zeit ihm zugekommen« (ebd., 838).

In der späteren Zeit sammelte Brentano Anekdoten, Parabeln und legendenartige Berichte zu Personen und Ereignissen, die ihm in seiner religiösen Weltsicht bedeutsam schienen, und verarbeitete seine Texte z. T. in Vorworten oder kleinen Zeitschriftenbeiträgen. So entstanden 1828 Korrespondenzartikel in der Zeitschrift *Der Katholik* (die allerdings ohne Wissen des Autors aus seinen Briefen gewonnen wurden), 1830 eine Einleitung zu den *Parabeln des Vaters Bonaventura* und (seinerzeit unveröffentlichte) Texte zum befreundeten Theologen und Seelsorger Johann Michael Sailer (1751–1832) sowie eine Vorrede und Beilagen zu *Fenelon's Leben, aus dem Französischen des Ritters von Ramsay übersetzt* (Koblenz 1826). Diese kleine religiöse Prosa wurde innerhalb der Frankfurter Brentanto-Ausgabe von Renate Moering hervorragend ediert und kommentiert (vgl. FBA 21,1, 477–825; 22,2, 337–725). Am interessantesten sind die z. T. erst postum gedruckten *Aufzeichnungen nach der Paris-Reise* (FBA 22,1, 593–639; 22,2, 415).[6] Sie basieren auf den Erlebnissen einer Frankreich-Reise, die Brentano im Frühjahr 1827 mit dem befreundeten Hermann Joseph Dietz (1782–1862) von Koblenz aus unternahm (vgl. FBA 22,2, 32–40). Das Projekt einer Geschichte

6 Vgl. auch die Ergänzungen bei Renate Moering, »Eine unbekannte Handschrift Clemens Brentanos zu den Aufzeichnungen nach der Paris-Reise«, in: »Jahrbuch des Freien Deutschen Hochstifts«, 1995, S. 35–56.

der Barmherzigen Schwestern (vgl. S. 148 f.) war zu diesem Zeitpunkt noch nicht entworfen, doch besuchten die beiden katholische Schulorden, um Anregungen für die Schaffung ›guter Schulen‹ in Koblenz zu gewinnen (FBA 22,2, 32). Brentano sieht in Paris »Lust und Laster«, das »Lügenthum [...] in unzähligen Tageblättern«, »den Sirenengesang der Verführung« und hat »das Gefühl, als stehe dieser Ort auf dünner Decke, wie auf einem Resonanzboden, über dem Abgrunde der Hölle« (FBA 22,1, 595 f.). Dem weltlichen Paris stellt er dann das geistliche (ebd., 596) gegenüber, das den »gräulichsten Sturm gegen die Religion und Ordensvereine, die Revolution überlebt« habe (ebd., 603). In einem (seinerzeit unveröffentlichten) Teil entfaltet Brentano eine Garten-Parabel, »in der er metaphorisch einen Gang durch die Kirchengeschichte versucht« (FBA 22,2, 456). Aus dem nur bruchstückhaft überlieferten, z. T. hochpoetischen Text wird deutlich, daß mit der Parabel ein Skeptiker zum Katholizismus bekehrt werden soll. Dieser »Philosoph«, der sich »die Achtung aller Protestantischen Dencker durch [...] Untersuchungen über die falschen Prämissen der katholischen Kirche erworben hat«, nimmt zum Schluß »die Wahrheit gerne an, [...] daß das Institut der Barmherzigen Hospitalschwestern nicht allein [...] das gröste in der Katholischen Kirche, sondern überhaubt die einzige grose Erscheinung in der Zeit sind« (FBA 22,1, 639); d. h., Brentano setzt das Plädoyer für praktisch-karitative Frömmigkeit an die Stelle theologisch-philosophischer und dogmatischer Diskurse. Damit wendet er sich auch gegen die von Rom vertretene Kirchenpolitik und den in Deutschland herrschenden Klerus. Der »Römling« in seinem Paris-Text preist den »römischen Kohl« im Garten der Kirche als »das köstlichste Gemüß im Garten der Kirche« und die »gröste und herrlichste Pflanze in der ganzen Natur« an und verläßt demonstrativ das Gespräch, als das Lob der Barmherzigen Schwestern ausgesprochen wird (ebd.).

Theater-, Opern- und Ausstellungskritiken

In seiner Wiener Zeit schrieb Brentano 1813 eine Reihe von Theaterkritiken, die teils im *Dramaturgischen Beobachter* erschienen, teils unveröffentlicht blieben. Es sind u. a. Theaterstücke von Theodor Körner, August von Kotzebue, Schiller (*Die Braut von Messina*; *Kabale und Liebe*), August Wilhelm Iffland und Shakespeare (*Othello*), die Brentano rezensiert.

Unter den Opernkritiken ist ein Bericht über die *Erste Vorstellung des Fidelio von Beethoven* in Wien (W 2,1125–27) bemerkenswert, der – ebenso wie Brentanos Gedichtzyklus *Nachklänge Beethovenscher Musik* (W 1,308) – seine positive Aufnahme dieser romantischen Musik dokumentiert, zu der zahlreiche Zeitgenossen (wie etwa Goethe) zunächst keinen Zugang gewannen. Die scharfe Kritik an dieser oberflächlichen Beethoven-Rezeption nimmt denn auch den größten Teil von Brentanos Opernkritik ein.

Mehr Gewicht als die kurzen Theaterkritiken hat eine gemeinsam mit Achim von Arnim verfaßte Kunstbetrachtung, die Heinrich von Kleist in stark gekürzter Form in seinen *Berliner Abendblättern* 1810 veröffentlichte. Der Titel der überlieferten Mischhandschrift ist: *Verschiedene Empfindungen vor einer Seelandschaft von Friedrich, worauf ein Kapuziner.* Der Text entstand aus Anlaß der Berliner Akademie-Ausstellung des gleichen Jahres und bezog sich zunächst auf die beiden von Caspar David Friedrich dort ausgestellten Ölbilder *Mönch am Meer* und *Abtei am Eichwald.* Auch ein separat überliefertes Gedicht Brentanos bezieht sich auf beide Bilder;[7] ein weiterer Text zu anderen

7 Abgedr. in: Petra Maisak / Hartwig Schultz, »Verschiedene Empfindungen bei einem Berliner Ausstellungsbesuch. Ungedruckte Texte aus dem Nachlaß Clemens Brentanos«, in: »Jahrbuch des Freien Deutschen Hochstifts«, 1991, S. 113 f.

Exponaten der Ausstellung (*Portrait der 2 Mahler Kügelchen*)[8] läßt vermuten, daß ursprünglich sogar an einen zusammenfassenden Bericht über die Berliner Ausstellung gedacht war, die auf eine erste, sehr konventionell geratene Ausstellungsrezension von Ludolph Beckedorff (in den *Abendblättern*) antworten sollte.[9]

Der Kleist dann zur Verfügung gestellte Text beschränkt sich auf das eine im Titel genannte Bild Friedrichs, läßt jedoch in Form von kleinen Szenen verschiedene Ausstellungsbetrachter zu Wort kommen. Kleist reduziert den vorgelegten Text auf seinen ersten Abschnitt, was ihm eine herbe Kritik der Autoren einbrachte und zu einer Richtigstellung Kleists in der Zeitung führte:

> Der Aufsatz [...] war ursprünglich dramatisch abgefaßt [und hat] seinen Charakter dergestalt verändert, daß ich, zur Steuer der Wahrheit [...] erklären muß: nur der Buchstabe desselben gehört den genannten beiden Hrn.; der Geist aber, und die Verantwortlichkeit dafür, so wie er jetzt abgefaßt ist, mir. H. v. Kl.

Von Germanisten und Kunsthistorikern wurde der Text daraufhin häufig als Kleist-Text interpretiert, obwohl alle von Kleist benutzten Begriffe bereits im Text von Arnim und Brentano enthalten sind. Die Kürzung wirkt allerdings einschneidend und verändert Tendenz und Sinn des vollständigen Texts radikal. Die satirisch eingefärbten Dialoge der ursprünglichen Fassung, die z. T. unbedarfte Äußerungen des Publikums vor Friedrichs gewaltigem Bild artikulieren, entfallen in den *Abendblättern*, und nur die von Brentano formulierte Einleitung bleibt im Zeitungstext erhalten (der vollständige Text: W 2,1034–38).[10]

8 Ebd., S. 115.
9 Ebd., S. 113, 121 f.
10 Eine in der Handschrift gestrichene Eingangspartie, die noch auf beide Friedrich-Bilder Bezug nimmt: ebd., S. 110 f.

Fiktive Briefe

Allgemeine kulturkritische Intentionen verfolgt Brentano bei der Veröffentlichung einer Serie mit fiktiven Briefen, die unter dem Titel *Aus einem geplünderten Postfelleisen* (W 2,1144–53) 1817 und 1818 in Fortsetzungen im *Gesellschafter* erschien. Der Autor schlüpft hier in verschiedene Rollen und unterzeichnet die Briefe mit »Dein unglücklicher Völki«, »Ihr ergebener Wehmüller, Maler allhier«, »Laura Stuhlbaum, geborene Honigfeld« und »Friedrich Lerchle«. Alle Briefe haben mit der Markuskirche in Berlin zu tun, so daß sich zwanglos ein thematischer Schwerpunkt bildet, der aus verschiedenen Perspektiven beleuchtet wird. Vorbild ist »der 1644 erschienene, frühzeitig ins Deutsche übersetzte ›Corriere svagliato‹ des Ferrante Pallavicino (1615–1644)« (ebd., 1232).

Den Theaterproblemen in Berlin gilt ein weiterer fiktiver Briefwechsel eines Theaterdirektors mit einem Poeten: *Briefe über das neue Theater* (ebd., 1154–71). Es handelt sich dabei um die letzte Gemeinschaftsproduktion mit Achim von Arnim, die im Briefwechsel der beiden im Frühjahr 1816 entworfen wurde (vgl. Schultz, 729–739). Was zwei Jahre später in der Göttinger Zeitschrift *Wünschelruthe* erschien, entspricht nur einem Bruchteil des konzipierten Briefwechsels, denn nur zwei Briefe des Theaterdirektors (Arnim) und ein Brief des Poeten (Brentano) erschienen. Mit der nicht eingelösten Ankündigung »Die Fortsetzung künftig« schließt die Brieffolge, in der Brentano energisch für eine Wiederaufnahme von Calderón-Stücken plädiert. Der Poet redet dem Theaterdirektor ins Gewissen:

> Sie gehen mit Ihrer Kunst im ewigen Einerlei unter. Sie haben [. . .] den Calderon doch gelesen, Sie haben doch gefühlt, daß die Bühne einst etwas konnte, wovon sie keinen Begriff mehr hat. (W 2,1160)

Runge-Nachruf

In Kleists Zeitschrift *Berliner Abendblätter* veröffentlichte Brentano unter dem Titel *Andenken eines trefflichen deutschen Mannes und tiefsinnigen Künstlers* einen Nachruf auf Philipp Otto Runge (1777–1810). Brentano war mit dem Maler bei der Planung der *Zeitung für Einsiedler* in Kontakt gekommen, als Runge zwei Märchen in plattdeutscher Mundart eingesandt hatte (vgl. S. 92). Im Briefwechsel mit dem romantischen Maler hatte er versucht, ihn für sein Romanzen-Projekt zu begeistern (vgl. S. 59). Brentanos Briefe, in denen er das Projekt und seine ästhetischen Vorstellungen wortreich vorträgt (vgl. den ›Bekenntnisbrief‹ vom 21. Januar 1810, FBA 32,200–215), blieben ohne Resonanz (vgl. Brentano/Runge); Runge ließ sich für das Projekt nicht begeistern. In seinem Nachruf, der in ein Gedicht auf Runge mündet (W 2,1039–42), weist Brentano besonders auf Runges in Stichen verbreitete Darstellung der vier Zeiten und deren Erläuterung durch Joseph Görres hin:

> Seine vier symbolischen Blätter, die Tagszeiten in Umrissen darstellend, sind denkenden Kunstfreunden sich ewig neu erklärend [...].

In der Würdigung von Runges Arabesken entwickelt Brentano zugleich die Ästhetik der romantischen Poetik:

> Runge [hat] zuerst gezeigt, daß die Arabeske eine Hieroglyphe ist, und ihre Verknüpfung eine ebenso tiefsinnige Bildersprache der stummen malenden Poesie, als das Werk der Poesie selbst eine gesprochene sein soll [...]. (Ebd., 1039)

Erzählung als Vorlage zu einem Schinkel-Bild

Einen weiteren bildenden Künstler hatte Brentano in Berlin kennengelernt. Karl Friedrich Schinkel (1781–1841), dessen Panoramen, Bühnenkulissen und Projekte als Oberbaurat des aufstrebenden Berlin er in statu nascendi wahrnehmen konnte, gehörte zu den romantischen Künstlern, mit denen er regen Kontakt pflegte. Eine Gelegenheitsdichtung im Umfang von »wohl funfzig Strophen«, deren Bruchstücke sich im Nachlaß erhalten haben und erst kürzlich editorisch von Michael Grus erschlossen wurden (FBA 3,1, 69–86, 369–448), stellen die zahlreichen Aktivitäten des erfolgreichen Künstlers heraus. Bei einem Treffen in Schinkels Salon verstieg sich Brentano zu der Behauptung, er könne »aus dem Stegreif eine Erzählung [...] erfinden, die Schinkel nicht im entferntesten durch Zeichnen zu verfolgen und verständlich auszudrücken vermöchte« (FBA 19,443). Das Ergebnis von Schinkels Bemühungen um eine bildliche Umsetzung des Erzähltextes ist aus seinem Ölgemälde *Schloß am Strom* abzulesen; die zugrunde liegende Brentano-Erzählung kennen wir nur aus der Zusammenfassung Alfred von Wolzogens (vgl. ebd., 443 f., 842 und Abb. 4).

Religiöse Werke

Religiöse Motive finden sich in den Werken des getauften Katholiken Brentano, seit er zu dichten begann: in den Briefen (FBA 29–32), im Roman *Godwi* (FBA 16), in den Erzählungen (FBA 19). Erst mit der Rückbesinnung auf die Religion im Berliner Krisenjahr 1817 (mit der Generalbeichte) und der Beschäftigung mit der ehemaligen Augu-

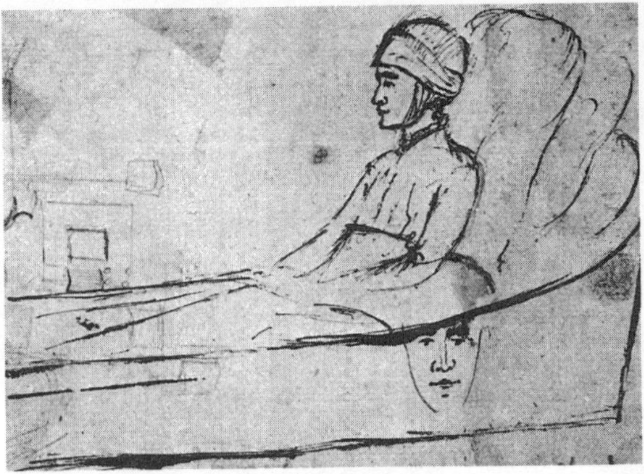

Anna Katharina Emmerick
Federzeichnung von Clemens Brentano (zwischen 1818 und 1824)

stiner-Nonne Anna Katharina Emmerick (1774–1824) im westfälischen Dülmen begann Brentano seine Dichtung so gut wie ausschließlich in den Dienst der neuen »Erwekkungsbewegung« zu stellen. Seit Herbst 1818 hielt er sich fast ununterbrochen bis zum Tode Anna Katharina Emmericks im Jahre 1824 in Dülmen auf, um die »Visionen« der Stigmatisierten aufzuzeichnen und dichterisch zu verarbeiten (vgl. FBA 28,2, 15–25). Akribisch sammelte er Belege für die Stigmata Gottes an ihrem Körper, indem er den abgefallenen Schorf der Wundmale aufbewahrte, Abdrücke der blutenden Wunden auf Tüchern anfertigte und Experimente mit Reliquien vornahm, um deren Echtheit festzustellen (die von Brentano beschrifteten Objekte sind heute in einem Museum in Dülmen ausgestellt). Die romantische Suche nach dem Wunderbaren verbindet sich mit modernem, naturwissenschaftlich bestimmten Experimentalgeist und einem befremdlichen, psychisch abgründigen Interesse an dem Körper der Nonne und ihren ekstatischen Zuständen. Da das katholische Münsterland erst seit dem Wiener Kongreß von dem evangelisch bestimmten Preußen regiert wurde, war das Auftreten des »Wunders« in Dülmen auch ein Politikum. In Berlin wurde 1818 eine Untersuchungskommission eingesetzt, um den vermeintlichen »Betrug« der Blutungen nachzuweisen. (Zu den verschiedenen Erklärungstheorien vgl. Jürg Mathes, FBA 28,2, 17.) Brentano nahm dabei eindeutig Partei: »Die Male waren übernatürlichen Ursprungs und bezeugten die Allgegenwart Gottes auch in der Jetztzeit. Diese Ansicht wurde seit 1813 durch Stolbergs Bericht über seinen Besuch verbreitet und vor allem von katholischer Seite vertreten (der entschiedenste Verfechter dieser Meinung wird später Brentano sein)« (ebd.). Der große Eifer, mit dem Brentano sein »Untersuchungsobjekt« betreute, führten jedoch sowohl bei Anna Katharina Emmerick als auch bei den kirchlichen Betreuern zu Spannungen und gelegentlicher Feindschaft gegen den »Pilger« und »Schreiber« Brentano, der von seinen Ideen besessen schien. Vertreter der katholischen Kirche, die Brentanos Niederschriften für einen geplanten Seligsprechungsprozeß im 20. Jahrhundert aufbewahrten und benutzten, mußten auch feststellen, daß die Handschriften als »Beweismaterial« für die überirdischen Fähigkeiten Anna Katharina Emmericks wenig taugten. Obwohl wesentliche Bestandteile des Dülmener Tagebuchs (wegen erotischer Anspielungen) von diesen »Betreuern« der Brentano-Handschriften vernichtet wurden (vgl. FBA 28,2, 71–75), blieb das Material für den Prozeß in Rom unbrauchbar, weil es authentische Äußerungen der schlichten und im Münsterländer Platt sprechenden Frau gar nicht enthielt. Was Brentano in seinen Tagebuchaufzeichnungen vor Ort niederschrieb, verwandelte er in jahrzehntelanger Arbeit in einen großen Werkkomplex, von dem drei Teile das Leben

Jesu auf der Grundlage der Darstellungen Anna Katharina Emmericks beschreiben, der vierte eine Biographie der Stigmatisierten bieten sollte. Die Biographie blieb Fragment, die überlieferten Handschriften sind jedoch sehr aufschlußreich, weil sie exemplarisch die Bearbeitungsstufen von den ersten Tagebuchaufzeichnungen bis zum Werk zeigen (vgl. FBA 28,1; 28,2).

Die Trilogie zum Leben Jesu (*Das Leben Mariae*, die *Lehrjahre Jesu* und *Das bittere Leiden unsers Herrn Jesu Christi*) konnte Brentano in der Reinschrift fertigstellen; bis zu seinem Tode erschien jedoch lediglich die Leidensgeschichte im Druck, Teile des Marienlebens waren gesetzt. Vermutlich war die Publikation des *Leben Jesu* (1835) von David Friedrich Strauß (1808–74) die Ursache dafür, daß Brentano mit Ausarbeitung und Publikation zögerte. Strauß verstand die Evangelien als geschichtliche Einkleidungen urchristlicher (in mythischer Form bereits im Alten Testament fixierter) Ideen. Brentano dagegen versuchte die Schilderungen der Evangelien durch Visionen der Anna Katharina Emmerick im einzelnen zu belegen.

Das *Bittere Leiden* erschien anonym. Brentano verschweigt den Namen des Autors, läßt jedoch keinen Zweifel daran, daß die Leidensgeschichte »*nach* den Betrachtungen der gottseeligen Anna Katharina Emmerich« (sic!) wiedergegeben wird. Den Produktionsvorgang dieser Texte hat man sich etwa so vorzustellen: Brentano las der bettlägerigen Emmerick Abschnitte aus der Bibel und aus mystischen Schriften (etwa Taulers) vor und fragte sie, was sie dazu »sehe«. Mit Karten von Palästina korrigierte er ihre »Visionen« und versuchte sie in die rechte Richtung zu leiten, um für alle Reisen und Begegnungen Christi die vermeintlichen »Fakten« zu ergründen. Danach veränderte und korrigierte er in jahrelanger Arbeit seine Niederschriften, indem er seine Texte zerschnitt, erneut abschrieb und nach Anfertigung von Daten-Konkordanzen und Registern neu kombinierte. Eine Fülle von schriftlichen Quellen stand ihm dabei zur Verfügung (vgl. FBA 27,2, 19–27), als er 1832/33 in Regensburg diese Überarbeitung vornahm und den Druck vorbereitete (ebd., 46–146). Das 1834 erschienene Buch wurde im Bereich der katholischen Erbauungsliteratur ein großer Erfolg (1842 erschien bereits die 6. Auflage), war jedoch in der literarischen Welt nahezu unbekannt und wurde als Werk Brentanos erst im 20. Jahrhundert von der Germanistik »entdeckt«.

Bereits vor der Veröffentlichung des *Bitteren Leidens* war Brentano mit einer religiösen Erfolgspublikation hervorgetreten, der Ordensgeschichte *Die Barmherzigen Schwestern*, die 1831 in Koblenz erschien. Dort hatte Brentano den Fabrikanten Hermann Joseph Dietz (1782–1862) kennengelernt und plante mit ihm gemeinsam bereits 1827 einen Bericht über den Krankenpflege-Orden, den der Regensburger Bischof Sailer dem bayerischen König Ludwig I. vorlegen wollte, um ihn zu entsprechenden Ordensgründungen in Deutschland anzuregen (vgl. FBA 22,2, 73). Mit Dietz gemeinsam war Brentano im März 1827 nach Paris gereist, um dort die katholischen Schulorden zu studieren (ebd., 32–40; vgl. auch S. 28, 138 f.). Durch Kontakte mit der Französischen Congrégation wurde er zu einem »Bücherverbreitungsproject« angeregt (ebd., 41), dessen Initiativen Görres im Münchener Borromäusverein 1829 aufnahm. Die Reise mit Dietz führte Brentano auch nach Nancy zu den Ordenshäusern der Borromäerinnen, die er in den *Barmherzigen Schwestern* beschreibt (ebd., 38). Das Buch war insofern erfolgreich, als es die »Verbreitung der beiden Richtungen katholischer Orden, die in dem Buch vorgestellt wurden: die Kranken- und Armenpflegeorden und die Schulbrüder« nachhaltig förderte (ebd., 150).

Neben den Emmerick-Werken und der Ordensgeschichte verfaßte Brentano eine Reihe von kleinen religiösen Schriften (vgl. S. 138 f.) wie etwa die *Aufzeichnungen nach der Paris-Reise* (FBA 22,1,595–609) und Korrespondenzartikel für die Zeitschrift *Der Katholik* (ebd., 665–695). Alle überlieferten Texte sind in FBA 22,1 veröffentlicht und in FBA 22,2 unter sozial- und religionshistorischen Aspekten ausführlich von Renate Moering kommentiert.

Die Fragen der literarischen Qualität dieser religiösen Werke sind jedoch keineswegs ausdiskutiert. Im Rahmen einer Neuorientierung der Brentano-Forschung nach dem Zweiten Weltkrieg wurde die »Kontinuität« im Werke Brentanos in besonderem Maße durch die Habilitationsschriften von Bernhard Gajek und Wolfgang Frühwald hervorgehoben (vgl. dazu Memoria, 13–15), die – was die Fakten betreffen – bis heute nicht überholt sind. Die »Wende« Brentanos wurde mit Recht im Kontext einer allgemeinen Wendung zu einer »Zweck-Ästhetik« gesehen, die bei anderen Autoren zu einer Dominanz politischer Themen und Pamphlete führte. Innerhalb von Gattungen wie »religiöse Erbauungsliteratur«, »katholisches Sachbuch« (zur Ordensgeschichte) und »katholische Publizistik« sind die Beiträge Brentanos sicherlich als angemessene, zweckentsprechend gut formulierte Produkte zu würdigen, zur Geschichte der deutschen Literatur im 19. Jahrhundert, die sich unabhängig von derart eng gefaßten »Zwecken« weiterentwickelte, tragen sie jedoch nicht viel bei. Denn es bleibt festzuhalten, daß die Leidensgeschichte Jesu trotz Brentanos perfektem Stil und seiner großen Kunstfertigkeit kaum als bedeutender »Roman« verstanden werden kann. Brentano geriet mit seinen Projekten durch die konsequente Ausrichtung auf das Erbauungsziel – wie Heinrich Heine bereits beobachtete – ins literarische Abseits. Die Entwicklung der europäischen Prosa ging an derartigen Sonderentwicklungen gänzlich vorbei.

Dramen

Die Bemühungen der Romantik, neue Formen der Dichtung zu entwickeln, beschränken sich nicht auf den Roman, von dem man am ehesten annahm, daß er Elemente aller Gattungen aufnehmen und damit zum Prototyp einer neuen Dichtung werden könnte; sie zielen auch auf die Bühnenkunst. Brentano nimmt die Anregungen der Frühromantik auch in dieser Gattung bereits in seiner Jenaer Studentenzeit auf und verfolgt besonders in der Wiener und Berliner Zeit immer wieder Projekte, die auf eine Weiterentwicklung des Dramas und des Bühnenwesens zielen. Fiktive Briefe zum Theaterwesen und Theaterkritiken gehören zu seinen kleinen Schriften (vgl. S. 140–142). Zugleich versucht er, die Tradition des deutschen Dramas mit neuartigen, von romantischem Geist geprägten Texten zu bereichern. Dabei ist er – was die Bühnenpraxis betrifft – ebenso erfolglos wie Tieck, die Brüder Schlegel, Arnim und Eichendorff. Zwar gibt es eine Reihe von provokativen, experimentellen Stücken in der Frühromantik, und es entstehen lyrische Dramen, die auf die Moderne vorausweisen, doch blieb diesen Texten der Erfolg auf der Bühne versagt, und nicht wenige Interpreten gehen davon aus, daß diese Dramen als »Lesedramen« geschrieben wurden bzw. nicht publikumswirksam aufführbar sind. Die herausragenden Leistungen der Romantik liegen in dieser Gattung auf dem Gebiet der schöpferischen Übersetzung: Es sind die Schlegel/Tieckschen Shakespeare-Übersetzungen und (in geringerem Maße) die Calderón-Übertragungen von Schlegel und Eichendorff, die Literatur- und Bühnengeschichte gemacht und erst Ende des 20. Jahrhunderts in der Theaterpraxis allmählich von neuen Übersetzungen verdrängt werden, während Stücke von Schlegel, Brentano, Eichendorff und Tieck kaum auf den Bühnen Fuß fassen konnten. Aus Tiecks *Ritter Blaubart* (1797) und E. T. A. Hoffmanns Œuvre wurden erfolgreiche Opern-Libretti gewonnen, Tiecks *Gestiefelter Kater* (1797) ist als Märchenspiel für Kinder nach wie vor populär; von den zahlreichen Stücken von Brentano, Arnim, Eichendorff und den Schlegels hatte jedoch kein einziges auf dem Theater Erfolg.

Die frühromantischen Versuche, die Theaterillusion zu sprengen und etwas radikal Neues auf die Bühne zu bringen, bei dem Dichter und Zuschauer, Orchesterinstrumente, Teile der Theaterausstattung (wie Vorhang und Leuchter) und Requisiten lebendig werden und mitspielen, bleiben abstrakt. Tiecks *Gestiefelter Kater* (1797) – das bekannteste Stück dieser Gattung von satirischen Märchendramen, in denen die aufklärerische Vernunft auf den Kopf gestellt wird und die romantische Phantastik sich auch in der Form niederschlägt – wurde erst ein halbes Jahrhundert nach der Entstehung auf Initiative des preußischen Königs Friedrich Wilhelm IV. 1844 uraufgeführt. Es fiel durch und überlebte nur als Lesedrama und in der reduzierten Version für Kinder, in der lediglich die Grundfabel – nicht Tiecks satirisch anspielungsreicher Text mit seiner Brechung der Bühnenillusion – aufgeführt wird. Tiecks Absicht war es – neben der allgemeinen Aufklärungskritik –, den konventionellen Theaterbetrieb und seine Erfolgsautoren anzugreifen. Insbesondere August von Kotzebue (1761–1819) beherrschte mit seinen Stücken Ende des 18. Jahrhunderts die deutsche Bühne und wurde von der Schlegel-Tieck-Gruppe als Trivialautor scharf angegriffen. Neben dem *Gestiefelten Kater* erschienen *Prinz Zerbino, oder die Reise nach dem guten Geschmack* (1799) und *Die verkehrte Welt* (1799) von Tieck sowie *Ehrenpforte und Triumphbogen für den Theaterpräsidenten von Kotzebue* (1800) von August Wilhelm Schlegel, die in Ton und Tendenz eng miteinander verwandt sind und die Kotzebue-Kritik Friedrich Schlegels im *Athenäum* dramatisch-satirisch umsetzen. Kotzebue wehrte sich mit einem Drama, in dem Friedrich Schlegel leibhaftig auftritt und sich nur in Zitaten aus dem *Athenäum* und der *Lucinde* artikuliert. Das Werk trägt den Titel *Der hyperboreeische Esel oder Die heutige Bildung. Ein drastisches Drama, und philosophisches Lustspiel für Jünglinge* (1799) und wurde zur Herbstmesse (Michaelis; 29. September) 1799 in Leipzig in Anwesenheit von Friedrich Schlegel aufgeführt. Es lebt von kabarettistischen Effekten, die der Theaterpraktiker Kotzebue souverän beherrscht, und verhöhnt die Ideen der Gruppe und das provokative Auftreten der Brüder Schlegel.

Gustav Wasa

Brentano kannte den *Hyperboreeischen Esel* und hatte eine Aufführung von Kotzebues Drama *Gustav Wasa* gesehen, als er im Herbst 1799 und Frühjahr 1800 seine »Antwort« in Form eines weiteren satirischen Dramas schrieb. Unter dem Titel *Satirische Spiele von Maria. Erstes Bändchen Gustav Wasa* erschien das Werk (nach Brentanos ausdrücklichem Wunsch im Format von Tiecks *Zerbino*) Mitte Juli 1800 als seine erste Buchpublikation. Der spektakuläre Streit zwischen Kotzebue und der Romantiker-Gruppe gibt ihm Gelegenheit, sich in Jena zu Wort zu melden und den skeptischen Freunden eine Probe seines Könnens zu bieten. Sein Stück beginnt als »Pagina 58 des Hyperboreischen Esels und so weiter [als Stück im Stück] der Gustav Wasa«, hat »im Ganzen fast eben so viel Personen wie Gustav Wasa« (FBA 12,1 und V) und verhöhnt karikierend einzelne Szenen und Personen aus Kotzebues Schauspiel *Gustav Wasa* (erschienen mit der Jahreszahl 1801). Wichtiger als die Kotzebue-Kritik ist die systematische Durchbrechung der Theaterillusion, die Brentano nach dem Tieckschen Muster vollzieht: Das »innere Schauspielhaus« wird lebendig; Vorhang, Logengeister, Zuschauer, Lampenzünder, die Wände und schließlich »Arabesken und andere Verzierungen« werden als sprechende Personen eingeführt. In weiteren Szenen, die der Aufführung des manipulierten *Gustav Wasa* im Stück vorausgehen, erscheinen unter anderem »Kotzebue selbst«, Brentano als »Ich«, der »Gestiefelte Kater« Tiecks, Kotzebues Esel und »Jac[ob] Böhm[e]«.

Der 1. Szene, die den Aufbruch der Familie des Baron von Kreuz (aus dem *Hyperboreeischen Esel*) zu einer Aufführung des *Gustav Wasa* schildert, folgt eine Bibliotheksszene, in der berühmte Autoren der Weltliteratur mit »Kotzenbue's Stücke[n]« und »Familienstücke[n]« diskutieren (FBA 12,8 f.). Auch »Schillers Glocke«, ein Werk, das die Romantiker nicht ernst nahmen, meldet sich zu Wort und unterhält sich mit dem Bibliothekar (ebd., 20–23), der dann – nach der Brandszene der *Glocke* – feststellen muß: »Die Fragmente / Blieben stehen« (ebd., 23). Brentano spielt damit auf die im *Athenäum* veröffentlichten *Fragmente* des Schlegel-Kreises an, die im Kontext seines Stückes allerdings nur als erste, noch unvollständige Ansätze zu einer neuen »romantischen« Dichtung verstanden werden. Erst in der Musikszene (ebd., 69) wird diese neue Kunst ›geboren‹. Eingeschaltet sind Szenen im »öffentlichen Garten«, in der »Mooshütte« und auf der »Knüppelbank«, in der sich ein ›verbildeter‹ Bürger (der Theaterabonnent) mit einem Lakaien unterhält. In der folgenden Gasthausszene kommen ein Schauspieler und die Familie des Baron von Kreuz aus dem *Hyperboreeischen Esel* hinzu, die sich auf dem Wege zur Aufführung von Kotzebues Stück befinden. Dem Stück im Stück geht eine Ouvertüre voraus: die Orchesterinstrumente werden lebendig. Brentano beschreibt eine Sinfonie und folgt auch hier den Spuren der romantischen Gruppe, denn kurz zuvor waren die *Phantasien über die Kunst* (1799) erschienen, in denen Wackenroder und Tieck das Hohelied der Instrumentalmusik angestimmt hatten. Einzelne Instrumente (Violinen, Flöte, Waldhorn, Bässe) treten bei Brentano hervor und charakterisieren möglicherweise die einzelnen Romantiker (das Waldhorn wird seit dem *Sternbald* Tieck zugeordnet). Wenn das Waldhorn (= Eremit) dann nach einem Gewitter den »Phantasten« (= Oboe) begräbt (ebd., 83–87), so spielt Brentano vermutlich auf den Tod Wackenroders an und beschwört die Freundschaft von Wackenroder und Tieck als Geburtsstunde der romantischen Kunst, die hier (wie in den *Phantasien*) als ursprünglich musikalisch dargestellt wird.

Nach dieser Ouvertüre beginnt das *Gustav Wasa*-Stück in Brentanos parodierender Version und zeigt den Schwedenkönig Gustav Wasa inkognito auf der Flucht. Im 8. Auftritt artikuliert sich Kotzebue persönlich mit einem »Uf« in der Loge (ebd., 107) und kritisiert das blutrünstige Spiel. Später kommen auch die Zuschauer im Parterre zu Wort. Eine wichtige Rolle spielen dabei ein Hofzentaur (vermutlich ein Abbild des Pathologen Christoph Wilhelm von Hufeland) und die Humanität (vermutlich eine Darstellung Herders). Im 3. Akt (ebd., 159–180) verlassen die Zuschauer das Theater und gehen nach Hause; der Autor der Satire (Brentano) meldet sich zu Wort. Mit dem Begräbnis von zwei Schauspielern endet das Stück: Blanka »ward immer dicker und dicker, [...] sie zerplatzte«, und ihr Gemahl zerfiel zu Staub, »nachdem er immer mehr und mehr zusammengeschrumpft war« (ebd., 179).

Brentanos Hoffnungen, mit diesem Werk im Kreis der Jenaer Romantiker Anerkennung zu finden, erfüllten sich nicht. Friedrich Schlegel äußerte sich seinem Bruder gegenüber abfällig; man könne nicht darüber lachen, »wenn man nicht schon sehr aufgelegt dazu ist«. Dorothea Veit (Vorbild der *Lucinde*; später seine Frau) meinte, Brentano wolle »von Teufels Gewalt satirisch sein«, und Tieck veröffentlichte im *Poetischen Journal* 1800 eine Satire *Der neue Hercules am Scheidewege*, in dem er Brentano als Bewunderer und Schüler der romantischen Gruppe verhöhnt (vgl. Ausst.-Kat. 1978, 31 f.). Außerhalb dieses Zirkels fand die Satire kaum Beachtung.

Godwi und Godwine

Etwa zur gleichen Zeit entstand ein Dramenfragment, das mit den Namen Godwi und Godwine Bezug auf die Titelfigur von Brentanos Roman nimmt, jedoch im Handlungsverlauf keinen Bezug zum *Godwi* erkennen läßt, obwohl im Dramentext der Name Godwi (»er heißt wie Gott [...] nein Gottweiß wie«; FBA 12,220 f.) erläutert wird. Brentano reflektiert in der Figur des Dr. Wissefeld, der »zuviel Herz [hat] um ein Arzt zu sein« (ebd., 213; ähnlich 198 f.), die Probleme des Arztberufs, den er am Anfang der Jenaer Studienzeit selbst anstrebte. Wissefeld ist Brownianer, der – nach den Lehren des englischen Arztes John Brown (1735–88) – davon ausgeht, daß Krankheiten auf einem Mißverhältnis von Reizstärke und Erregbarkeit basieren, das durch gezielte Gegenreize wieder ins Gleichgewicht gebracht werden kann. Da Wissefeld (durchaus dem zeitgenössischen Usus der Ärzte entsprechend) Opium anwendet, ist sein Ruf gefährdet, doch die Heilung von Julie hat ihm zum allgemeinen Erfolg verholfen (ebd., 197). Möglicherweise spielt Brentano damit auf das Wirken Schellings an, der in den Sog der »romantischen Medizin« geriet und anfangs Heilerfolge hatte. Brentanos Dramenfragment zieht seinen Witz daraus, daß die Liebe als wesentlicher Reiz in dieses medizinisch-philosophische System eingeführt wird. So soll der Arzt offensichtlich von seiner Liebe zu Julie kuriert werden, indem Godwi (im Einvernehmen mit seiner Godwine) eine Liebesszene mit Julie simuliert und Godwine ihn als vermeintlich Kranke verführt. Ob sich Godwi bei dieser Intrige selbst verliebt und wie der provozierte Doktor seine Rache umsetzt, bleibt offen; das Fragment reißt ab.

Cecilie

Als Text, den Brentano aus dem *Godwi*-Komplex herauslöste, gilt ein weiteres fragmentarisches Drama, in dem das Personal aus dem Haus zum Goldenen Kopf und Freunde Brentanos auftreten. In der älteren Sekundärliteratur wird es als »Italienisches Schauspiel« geführt, die FBA bietet es unter dem Titel der weiblichen Hauptfigur Cecilie (FBA 12,227–338) als *Szenen aus einem italienischen Handelshaus*. In dem Kaufmann des Stückes, Petro Velli, dürfte sich Brentanos Vater, der Hausherr des Goldenen Kopfes (Peter Anton Brentano) verbergen. Seine beiden Söhne Antonio und Franzescho wären den Namen nach Anton (ein geistig zurückgebliebener, aber phantasiebegabter Halbbruder von Clemens) und Franz (Kaufmann; Stiefbruder und Vormund von Clemens), was jedoch mit Beruf und Charakter der beiden Figuren des Stückes nicht übereinstimmt: Im Stück ist Antonio der Kaufmann und Senator (wie der historische Franz Brentano) und Franzescho ein Künstler, der sich mehr und mehr vom Vater distanziert (was nur auf Clemens Brentano zutrifft). Ferner treten im Stück ein Buchhalter Marchiali und seine Tochter Coelestine auf, ein »vertriebner Franzose« Vaudremont (ein Emigrant der Französischen

Revolution, wie sie bei Sophie von La Roche und bei den Frankfurter Brentanos verkehrten), der im Stück jedoch als unbekannter Venezianer eingeführt wird und sich später als verkleideter Jugendfreund Benvolta zu erkennen gibt. Ist hier die Angabe im Personenverzeichnis irreführend (und deutet im Verzeichnis noch auf das Frankfurter Umfeld), so fehlt eine wichtige Person in der Liste der Dramenfiguren ganz: der seltsame Dichter Gerni (s. u.). Im Zentrum steht Cecilie, die als Pflegetochter der verstorbenen Frau des Hausherrn eingeführt wird. Die Bezüge zur Brentano-Familie sind hier nicht eindeutig herzustellen (da es eine derartige Pflegetochter nicht gab) und scheinen schon bei der Identifikation der beiden Söhne höchst ungewiß. Vermutlich hat Brentano nur einzelne Charakterzüge der Familienmitglieder entlehnt und die Spuren bewußt verwischt. Ob es etwa für den intriganten Buchhalter, der seine Tochter mit dem reichen Erben Antonio verkuppeln und die »süße Cecilie« damit ausstechen will, ein Modell im Haus zum Goldenen Kopf gab, ist mehr als fraglich, aber auch schwer nachprüfbar. Cecilie, von beiden Brüdern angebetet, ist krank; der Verlust der (Pflege-) Mutter – ein zentrales Thema wie im *Godwi* – hat sie erschüttert. Ihre Liebe zu Franzescho versucht der Vater zu unterbinden, und Franzescho schlägt daraufhin eine gemeinsame Flucht vor (zunächst aus dem Elternhaus, dann aus dem Kloster). Als dritter Bewerber tritt der vom Vater eingeführte Gerni auf. Sein gespreiztes Gehabe, der Hinweis auf seine Sammlungen und Reisen und sein Name lassen ihn zweifelsfrei als Abbild des Diplomaten und Schriftstellers Johann Isaak von Gerning (1769–1837) erscheinen. Brentano kannte ihn früh, wie ein Brief vom Februar 1799 belegt (FBA 29,164). Seine Schwester Bettine war es, die Gerning als lästigen, von der Familie (im Jahre 1803 besonders) forcierten Bewerber ansah[1] und in frühen Briefen

1 Vgl. Konstanze Bäumer / Hartwig Schultz, »Bettina von Arnim«, Stuttgart 1995, S. 20 f.

ähnlich charakterisiert wie Clemens im Text des Stückes. Hier wirkt Gerni dabei mit, Cecilie in ein Kloster zu verbannen (was auf das Abschieben Bettines nach dem Tode der Mutter in das Pensionat der Ursulinen in Fritzlar in den Jahren 1794–97 hindeuten könnte). Demnach wäre die geheimnisvolle Pflegetochter Cecilie niemand anderes als Bettine, und in der Liebe des Künstlers Franzescho zu Cecilie reflektierte Brentano seine Liebesbeziehung zu Bettine – verschlüsselt, um einem Inzest-Vorwurf vorzubeugen.

Im Dramentext fehlt die Auflösung der geheimnisvollen Andeutungen, mit denen Vaudremont die Brüder immer wieder beruhigt. Wir erfahren nichts Näheres über die Abstammung des Findelkinds Cecilie, wissen nicht, wohin der Vater mit Vaudremont auf Reisen geht und warum er zum Schein eine Ehe des Vaters mit Cecilie stiften will. Das Fragment endet mit dem Wechselgesang von Franzescho und Cecilie; Franzescho ist gekommen, Cecilie aus dem Kloster zu entführen; sie erwartet seine Ankunft. Aus der Novellenfassung des *Godwi* (FBA 16,197–217), die aus der Perspektive Antonios erzählt wird, kann – unter allem Vorbehalt – auf die geplante Auflösung des Dramas geschlossen werden: Der Vater Pietro heiratet nach dieser Erzählung Julie, die Mutter Cecilies, was sich mit den Andeutungen im Drama gut in Einklang bringen läßt. Aus der Erzählung Julies erfährt Antonio die Vorgeschichte. Sie berichtet, daß sie seinerzeit vergewaltigt, der Vater Cecilies von Verwandten erschlagen und sie dann von ihrer Freundin mit ihrer Tochter aufgenommen wurde (ebd., 211). Cecilie wird zunächst von einer Tante in Ankona erzogen und dann als Vierzehnjährige von Julies Freundin aufgenommen, die inzwischen mit Pietro verheiratet ist. Pietro ist die ungewisse Herkunft dieser Pflegetochter nicht geheuer, und nach dem Tode seiner Frau versucht er sie in ein Kloster abzuschieben und die Liebe seiner Söhne zu ihr damit zu unterbinden (so auch im Drama). Erst durch die Heirat mit Julie wird Cecilie dann doch seine (Stief-)Tochter.

In der Novelle überrascht der als extrem eifersüchtig geschilderte Pietro seine Frau in den Armen Antonios, als sie gerade ihre Geschichte erzählt hatte und in Weinen ausgebrochen war. Der Vater deutet diese Situation falsch, und da er Treuebruch vermutet, trifft ihn der Schlag.

Über das Schicksal von Franzescho und Cecilie erfahren wir in der Novelle, daß die Entführung geglückt, Cecilie jedoch später gestorben und Franzescho zeitweise dem Wahnsinn verfallen ist. Nach dem Tode des Vaters ist der Weg für eine glückliche Heimkehr jedoch geebnet, und Julie und Antonio erwarten Franzescho sehnsüchtig.

Ob Brentano eine entsprechende Auflösung des Dramenplots plante, ist schwer zu sagen, denn in der Novelle fehlen einige wichtige Personen des Dramenfragments: Keine Rede ist von dem intriganten Buchhalter Marchiali und seiner Tochter Coelestine. Auch Vaudremont, der wie Lothario im *Wilhelm Meister* seine geheimen Fäden zieht, um die handelnden Personen zu erziehen und zu ihrem Besten zu leiten, sowie der dichtende Forscher Gerni tauchen in der Erzählung nicht auf. Ceciliес Verbannung in ein Kloster erscheint hier zunächst als gutgemeinte Tat Antonios, der das Waisenkind in die Obhut einer befreundeten Äbtissin bringen läßt. Dort wird Cecilie von den Brüdern besucht, bis der Vater eingreift, sie in ein anderes Kloster bringen und als Novizin einkleiden läßt.

Demnach sind es trotz einiger wörtlicher Übereinstimmungen doch verschiedenartige Werke, und eine Fortsetzung des Dramas im Sinne der *Godwi*-Novelle bleibt Spekulation.

Ponce de Leon und *Valeria oder Vaterlist*

Das bedeutendste Stück Brentanos – *Ponce de Leon* – entstand aufgrund einer »Dramatischen Preisaufgabe«, die von den Klassikern Ende November 1800 in Goethes Zeitschrift *Propyläen* formuliert wurde:

> Man giebt hierbey dem Lustspiel den Vorzug vor dem Trauerspiel, weil an Jenem überhaupt noch ein größerer Mangel ist und das Neue darin am meisten gefodert wird. [...]
> Man klagt mit Recht, daß die reine Comödie, das lustige Lustspiel, bey uns Deutschen durch das sentimentalische zu sehr verdrängt worden und es ist allerdings ein herrschender Fehler auf unserer komischen Bühne, daß das Interesse noch viel zu sehr aus der Empfindung und aus sittlichen Rührungen geschöpft wird. (*Propyläen* III,2, S. 169 f.; vgl. W 4,920)

Goethe und Schiller wenden sich mit dieser Beschreibung eindeutig gegen die auf der deutschen Bühne – auch unter Goethes Regie in Weimar und Lauchstädt – dominierenden Komödien Kotzebues und schließen sich offensichtlich um 1800 der Argumentation der Romantiker an, die von »Rührstücken« Kotzebues sprechen und eine Theaterreform anstreben. Es heißt dann weiter:

> Das Sittliche aber so wie das Pathetische macht immer ernsthaft, und jene geistreiche Heiterkeit und Freiheit des Gemüths, welche in uns hervorzubringen das schöne Ziel der Comödie ist, läßt sich nur durch eine absolute moralische Gleichgültigkeit erreichen; es sey nun, daß der Gegenstand selbst schon diese Eigenschaft habe, oder daß der Dichter die Kunst besitze, die moralische Tendenz seines Stoffs durch die Behandlung zu überwinden. (Ebd., 170)

Dann erfolgt eine Differenzierung der »reincomischen Gattung« in »Characterstücke und Intriguenstücke«, wobei gilt:

> Die Charactercomödie erfodert im Ganzen eine größere Fülle des Genies von Seiten des Dichters und von Seiten des Schauspielers ein tieferes Studium, als man in unsern Tagen glaubt voraussetzen zu dürfen.
> Es bleibet also nur das Feld der Intriguenstücke offen, das Feld ist reich und nicht so leicht als das der Characterstücke zu erschöpfen.
> In dem Intriguenstücke sind die Charactere bloß für die Begebenheiten, in dem Characterstücke sind die Begebenheiten für die Charactere erfunden. Das Genie wird das Vorzügliche beyder Gattungen auf eine glückliche Art zu vereinigen wissen.
> (Ebd., 170 f.; vgl. W 4,920 f.)

Unter den dreizehn Einsendungen entsprach nach Meinung von Goethe und Schiller kein einziges Stück diesen Erwartungen: »nicht eines ist davon zu brauchen; die meisten sind ganz unter der Kritik. So steht es jetzt um die dramatische Kunst in Deutschland«, äußert Schiller in einem Brief an Körner Anfang Oktober 1801 (vgl. Roethe, B 9: 1901, 4). Der ausgesetzte Preis von dreißig Dukaten wurde daher nicht vergeben, keines der Stücke aufgeführt, und auch die versprochene Rezension sämtlicher Einsendungen in den *Propyläen* unterblieb – wohl deshalb, weil die Zeitschrift nach Ablauf der Frist gar nicht mehr existierte.

Brentano schrieb sein Stück im Sommer 1801, als er mit Arnim zusammen in Göttingen studierte. Es trug zunächst den an Shakespeare anklingenden Titel *Laßt es euch gefallen*, den Valerio am Schluß des letzten Aktes formuliert. In seinem Begleitschreiben an Goethe (um den 10. September 1801; FBA 29,378) erläutert Brentano seine Intention, daß »der Zuschauer das ganze Stück durch, der Intrigue folge, und am Ende dennoch überrascht werde [...]. Die Geschichte des Stücks gehört nicht ganz mein, doch Valerio, Valeria, Porporino, Sarmiento, und die Kara[k]tere überhaubt, das Übrige habe ich aus der dunklen Erinnerung an eine Erzählung meiner verstorbenen Mutter« (ebd., 378 f.). In einem parallelen Brief an Savigny behauptet er, »der letzte Ackt ist der beste, und das Ganze rasch, schnell ohne Schwürigkeit, und irgend nötige Exposition rasch gelößt« (ebd., 380). Abweichend vom geläufigen Komödienschema findet das zentrale Liebespaar des Anfangs (Ponce/Valeria) nicht zusammen, sondern beide wählen andere Partner, wobei Valeria den einst geliebten Ponce ausdrücklich freigibt und in einem programmatischen Lied konstatiert:

So sey dann feyerlich entbunden,
Wie dieses Kusses Feuer leicht verglühet,
So schlossen sich der frühen Liebe Wunden,
Und neue schön're Liebe ist erblühet.

(FBA 12,631)

Auf diese Wendung – und auf die Enthüllung, daß Sarmiento und die Witwe Isabella ein weiteres Paar bilden – spielt Brentano vermutlich an, wenn er im Brief an Goethe von Überraschung spricht.

Als er von Goethe keine Antwort erhält und das negative Urteil Schillers ruchbar wird, verlangt er etwa ein Jahr nach Einsendung in einem Brief an Goethe (Marburg, 8. September 1802; FBA 29,511) das Manuskript zurück. In seinem Begleitbrief zur Rücksendung vom 16. Oktober 1802 lobt Goethe den »guten Humor und angenehme Lieder« und dankt »für die Unterhaltung, die Sie uns dadurch verschafft haben« (W 4,922). Brentano läßt das Werk daraufhin (mit einer Widmung an den »Herzog von Aremberg« und einer auf Januar 1803 datieren *Vorerinnerung*, in der er als Entstehungszeit »Sommer 1801« angibt) drucken. Während er seinen »Meister« Goethe im Begleitschreiben ausdrücklich auffordert, bei einer Aufführung »alles wegzuschneiden, waß ihm untauglich sein sollte« (FBA 29,379), lehnt er in der *Vorerinnerung* die »Beschneidung einer fremden Hand«, das »Zusammenstreichen« oder »Umarbeiten«, wie es die Bühnenpraxis kennt, vehement ab (FBA 12,356).

Eine *Zugabe*, die sich als Epilog der Valeria im Drucktext anschließt, spricht von dem »fernen Freund« Arnim, der bei der Geburt des Stückes Pate gestanden habe, und dürfte erst nach Rücksendung des Stückes von Goethe entstanden sein.

Mit der Jahreszahl 1804 vorausdatiert, erschien die Buchausgabe im Herbst 1803. Hauptquelle war wohl nicht – wie Brentano im Brief an Goethe mystifizierend andeutet – eine Erzählung seiner Mutter, sondern die Rahmenerzählung *Dom Gabriel Ponce de Léon* im *Cabinet des Fees* der Madame d'Aulnoy (1650–1705).

Der Held des Stückes, der Edelmann Don Gabriel Ponce de Leon in Sevilla, ist von Melancholie und Langeweile geplagt und kann die Liebe von Valeria nicht erwidern. Ihr Vater, der »arme Bürger« Valerio de Campaceo, versucht deshalb ihre Verbindung mit seinem Findelsohn Porporino zu fördern. Auf einem Maskenball, in den sich auch Valeria verkleidet eingeschlichen hat, offenbart Ponce, daß er niemanden in Sevilla liebt, und verguckt sich (wie Tamino in der *Zauberflöte* Mozarts) in das Bildnis einer Frau. Am Maskenball nehmen unerkannt auch Sarmiento, »Obrister bey der Armee in den Niederlanden« (verkleidet als Automate), und sein Sohn Felix sowie dessen Freund Fernand de Aquilar teil. Sarmiento leitet die Intrige ein, indem er seinem Sohn vorspiegelt, dessen Geliebte Lucilla sei mit ihrer Tante auf dem Wege zu einem anderen Bewerber. Auf Zuraten seiner Freunde beschließt daher Felix eine Entführung von Lucilla. Ponce erfährt, daß die abgebildete Frau die Schwester von Felix, Isidora, ist. So reist auch er – gemeinsam mit seinem Freund Aquilar – als Pilger verkleidet zum Gut der Sarmientos ab, wo sich nach und nach alle Personen einfinden und in Masken einander in den gewünschten

Paarbindungen lieben lernen. Denn Sarmiento hat auch Porporino (als Arzt) zu seinem Gut geschickt, die dort residierende, gefürchtete Schwester unter einem Vorwand auf Reise weggelockt und Valerio als Hausmeister engagiert. Valeria hat von den Intrigen rechtzeitig erfahren, reist auf eigene Faust dorthin und wird – als Negerin von ihrem Vater nicht erkannt – als Dienerin im Gut angestellt. Nach vielen Verwechslungen finden schließlich Ponce und Isidora, Aquilar und Melanie (Isidoras Schwester) zusammen. Valeria hat auf Ponce verzichtet und nimmt nun die Liebe von Porporino an. Felix ist mit der entführten, als Mann verkleideten Lucilla eingetroffen und erhält den Segen von deren Mutter Isabella. Es sind demnach vier Paare, die unter Assistenz des Schulmeisters und einer Zigeunerin am Schluß ihr Glück finden.

Vorbild für Brentanos *Ponce* sind die Komödien Shakespeares, auf die er im Begleitbrief an Goethe und mit der Schlußwendung »Laßt es euch gefallen« anspielt. Wie in Shakespeares Stücken *Sommernachtstraum*, *Wie es euch gefällt* und *Was ihr wollt* verlieren und finden sich die Menschen bei ihren Verkleidungen und Verwechslungen, die allein der Zuschauer überblickt. Sie bestimmen sowohl den Maskenball im 1. Akt wie die Begegnungen auf dem Gut im dritten und vierten. Nach dem englischen Vorbild versucht Brentano – wie bereits im *Gustav Wasa* – im Deutschen Wortwitze (englisch »puns«) einzuführen (vgl. Roethe, B 9: 1901, 13 f.). Die Wortwechsel werden vom Spiel mit dem Sprachmaterial getragen (Beispiel: »mach die Tür zu« – »es geht nicht an, mein Herr« – »aber es geht zu, mein angehender Herr«; FBA 12,399), die jedoch an Brillanz und Tiefe das Vorbild Shakespeare nicht erreichen können. »Die einseitige, alle andern Stilmittel überschattende Herrscherrolle des *Wort- und Klangspieles* im ›Ponce‹ beeinträchtigt [...] den Eindruck unbefangener Fröhlichkeit; was in einzelnen Scenen geistreich anregen und prickelnd beleben mochte, das erweckt, durch fünf Akte und 116 [...] Scenen festgehalten, bald Unlust und Ungeduld. Nichts ermüdender als der zur Gewohnheit erstarrte Witz« (Roethe, B 9: 1901, 13). Brentano behauptet 1814 im *Dramaturgischen Beobachter* (einer Wiener Zeitschrift), das Stück sei »von allen kritischen Blättern mit Auszeichnung beurtheilt« worden (FBA 12,934), aber Roethe konnte nur eine einzige (»unfreundliche«) Rezension in der *Neuen allgemeinen deutschen Bibliothek* finden (B 9: 1901, 11), und es ist anzunehmen, daß Brentano bei dem Versuch, den Mißerfolg der einzigen Wiener Aufführung zu rechtfertigen, nicht ganz bei der Wahrheit blieb.

In Wien hatte er 1814 für das Burgtheater eine Bühnenfassung hergestellt, die in zwei Bühnenmanuskripten überliefert ist (FBA 12,637–796). Sie trägt den Titel *Valeria oder Vaterlist*, verändert den Namen des Helden in Lope, nimmt Streichungen vor, die nach Meinung von Roethe »grade die Elemente treffen, die der feineren Charakteristik, dem reicheren poetischen Schmuck, zumal auch der Stimmung dienten« (B 9: 1901, 86), weicht jedoch in der Fabel nicht wesentlich vom *Ponce* ab. Nur oberflächlich paßt Brentano den Text der politischen Situation der sich anbahnenden Befreiungskriege an, indem er Valeria ein Lied zu Wellingtons Sieg bei Vittoria singen läßt (FBA 12,693–695) und Sarmiento am Schluß die Worte in den Mund legt: »Heut noch ein frohes Fest, und morgen zur Armee«. Porporino schließt sich an: »Erst geliebet und gerungen, / Dann die Fahne hoch geschwungen«. Daß diese politische Assimilation der Verwechslungskomödie beim Wiener Publikum nicht ankam und das Stück bei seiner Uraufführung in der Wiener Burg am 12. Februar 1814 »ausgepfiffen« wurde, wie Brentano in der Vorrede selbst mitteilt (ebd., 639), nimmt nicht wunder. Brentano behauptet sicher nicht zu Unrecht, »die deutsche Bühne [sei] sehr gesuncken« (ebd.); durch eine oberflächliche Politisierung seines frühen Stükkes kann er diese Entwicklung jedoch selbst nicht aufhalten. So wirken alle seine Texte zur Aufführung der *Valeria* (vgl.

ebd., 929–955), mit denen er seinen Mißerfolg erklären will, recht hilflos. Bis heute ist es nicht gelungen, das Lustspiel bühnenwirksam umzusetzen, obwohl Heine und Eichendorff seine Qualitäten sehr treffend umschreiben und als kennzeichnend für Brentanos »Zerrissenheit« darstellen. In Heines *Romantischer Schule* heißt es:[2]

> Ich mache besonders aufmerksam auf ein Lustspiel dieses Dichters, betitelt Ponce de Leon. Es gibt nichts Zerrisseneres als dieses Stück, sowohl hinsichtlich der Gedanken als auch der Sprache. Aber alle diese Fetzen leben, und kreiseln in bunter Lust. Man glaubt einen Maskenball von Worten und Gedanken zu sehen. Das tummelt sich alles in süßester Verwirrung, und nur der gemeinsame Wahnsinn bringt eine gewisse Einheit hervor [...].

Eichendorff spricht in seiner Schrift *Über die ethische und religiöse Bedeutung der neueren romantischen Poesie in Deutschland* (1847) von dem »wundervollen Lustspiele ›Ponce de Leon‹, wo ein wahrhaft dämonischer Witz mit der Wirklichkeit, wie ein Fontäne mit goldenen Kugeln spielt«. Zugleich behauptet er, »dieser poetisch zerfahrene, träumerische Ponce [sei] eigentlich der Dichter selbst, gegen den er alle Ironie gewendet«.[3] Angesichts dieser Würdigungen überrascht es, daß sich das heutige Theater dieses Textes noch nicht angenommen hat.

2 Heinrich Heine, *Historisch-kritische Gesamtausgabe der Werke*, hrsg. von Manfred Windfuhr, Bd. 8,1, Hamburg 1979, S. 200.

3 Eichendorff, *Werke* (s. S. 60, Anm. 2), Bd. 6, S. 185.

Die Lustigen Musikanten

Aus einem Gedicht des *Godwi* entwickelte Brentano »in vier Tagen«, wie er Arnim im Dezember 1802 berichtet (FBA 29,557), ein Singspiel mit dem Titel *Die Lustigen Musikanten*. Der vorgesehene Komponist, Kapellmeister Peter Ritter (1763–1846) in Düsseldorf, konnte die Musik jedoch nicht rechtzeitig fertigstellen, und so wurde die kleine »Oper« erst 1804 von Ritter in Mannheim zur Aufführung gebracht. Verbürgt sind auch Aufführungen einer Vertonung E. T. A. Hoffmanns in Warschau, die unter Leitung des Komponisten im Deutschen Theater im Frühjahr 1805 stattfanden.

Brentano verwendet die Figuren der Commedia dell'arte und läßt die Personen im Stück sich selbst entsprechend identifizieren (FBA 12,814): den Pantalon (ein Alter mit Pantoffeln; im Stück Bürgermeister von Famagusta), Tartaglia (ein Stammler, Stotterer; im Stück Minister von Samarkand) und Truffaldin (ein Possenreißer; im Stück ein Nachtwächter). Als Musikanten treten der alte blinde Piast mit seiner Tochter Fabiola, die gemeinsam das berühmte Lied »Hör', es klagt die Flöte wieder« intonieren (ebd., 819), und ein »lahmer Knabe« auf. Der Flötenspieler ist Ramiro, der gesuchte, inkognito auftretende Herzog von Samarkand, der den dreien folgt (ebd., 815), weil er Fabiola liebt. Seine Schwester Azelle, die Herzogin von Samarkand, ist ebenfalls verschwunden und soll aus Liebe dem ehemaligen Regenten Rinaldo nachreisen, der zuvor auf mysteriöse Weise das Schloß verlassen hatte. Die Gruppe der Musikanten trifft dann in der Silvesternacht auf den Nachtwächter Truffaldin, der sie als alte Jugendfreunde identifiziert (ebd., 827). Pantalon und Tartaglia haben die Szene beobachtet und wollen die Festnahme der Fremden erwirken. Die Wachen lassen jedoch nach Bestechung von ihrem Plan ab, und es wird zunächst der Anbruch des neuen Jahres gefeiert (ebd., 838 f.). Ramiro führt die Musikantengruppe in einen unbewohnten Teil des Schlosses. Dort taucht seine aus Liebe krank gewordene Schwester Azelle auf. Später wird auch Rinaldo von Truffaldin dorthin gebracht, und es kommt zur Aufklärung der rätselhaften Vorgänge: Rinaldo und Fabiola sind die gesuchten fürstlichen Geschwister, die von ihrem Vater ausgesetzt wurden und die nun wieder zusammenfinden und dem beglückten Volk am Neujahrstag vorgestellt werden.

Arnim erhält das Stück auf seiner Kavalierstour von Brentano am 11. Mai 1803 zugeschickt und antwortet seinem Freund aus Paris am 6. Juli 1803 mit einem Gedicht, in dem er die »lustigen Musikanten in ein Trauerspiel hinübervariiert« (Schultz, 140).

Schattenspiel für Claudine Piautaz

Eine Gelegenheitsarbeit ist das Schattenspiel, das Brentano zum Geburtstag von Claudine Piautaz am 19. März 1803 verfaßte. Es spielt im Frankfurter Haus zum Goldenen Kopf, wo Claudine als Erzieherin nach dem Tode von Maximiliane Brentano für die jungen Kinder Mutterfunktionen übernahm. Brentano läßt seinen Freund Stephan August Winkelmann, den geistig zurückgebliebenen, aber wegen seiner Phantasien von Clemens und Bettine geschätzten Halbbruder Anton sowie das Personal des Handelshauses auftreten, darunter den aus Miltenberg stammenden alten Georg Joseph Anton Schwa(a)b, der die Brentano-Kinder mit Märchen bekannt gemacht hatte. Die Verehrung Clemens Brentanos für die liebevoll »Klödchen« genannte junge Claudine wird besonders bei der mythologischen Überhöhung zur römischen

Claudia im Schlußteil des kleinen Stückes deutlich (FBA 12,906–908). Dieser Teil erschien variiert auch als Privatdruck, den Brentano dem Geburtstagskind überreichen ließ und am 11. Mai 1803 auch an Arnim sandte. Das Schattenspiel selbst kam zum Geburtstag nicht zur Aufführung, vermutlich, weil Brentanos Heiratspläne die Familie belasteten.

Aloys und Imelde

Die erste Fassung des Trauerspiels *Aloys und Imelde*, das Brentano nach dem Helden des Stückes in Briefen auch *Comingo* nennt, entstand bei einem Aufenthalt in Prag (bzw. dem Gut der Brentanos in Bukowan) 1811/12. In den *Sämtlichen Werken* (und auf dieser Grundlage auch in den *Werken*) wird sehr ausführlich über die Quellen dieses Werks berichtet: »Als Vorlage diente Brentano vor allem eine Novelle der Madame de Tencin (1681–1749), ›Les Mémoires du Comte de Comminges‹, die 1735 anonym erschienen war; ferner für die letzten Szenen ein Drama von François-Thomas de Bacular d'Arnaud (1718–1805), ›Le Comte de Comminge ou les Amants malheureux‹, ein Stück in Alexandrinern nach dem Vorbild Voltaires, das 1790 mit Erfolg am Théâtre Français in Paris aufgeführt wurde. Die Novelle der Madame de Tencin wurde mehrmals ins Deutsche übersetzt: [...] ›Des Grafen von Comminge Leben und Geschichte‹, 1747 (diese Übersetzung befand sich nachweislich in Brentanos Besitz) [...]. Die Erzählung [...] war in Deutschland recht bekannt geworden. Sie lieferte Brentano die Haupthandlung, die ursprünglich nichts mit dem Cevennenkrieg zu tun hatte. Dieser historische Hintergrund ist Brentanos Zutat« (W 4,927 f.). Auch bei der Darstellung des historischen Hintergrunds kann Brentano auf eine Reihe von Quellenwerken (vgl. ebd., 928) sowie auf die poetische Verarbeitung eines Zeitgenossen zurückgreifen. Denn Isaak Sinclair (1775–1815) – als Freund Hölderlins in die Literaturgeschichte eingegangen und auch Brentano persönlich bekannt – veröffentlichte eine Trilogie von Trauerspielen zum Cevennenkrieg, die Brentano kannte. Später (1828) beschäftigte sich auch Ludwig Tieck in einer Novelle mit dem *Aufruhr in den Cevennen*, bei dem die protestantischen Bauern der Cevennen in den Jahren 1702 bis 1704 unter der Führung von Jean Cavalier (1680–1740) nach der Aufhebung des Ediktes von Nantes (1685) gegen Ludwig XIV. kämpften.

Brentano verlegt die Ereignisse seines Trauerspiels in das Todesjahr von Cavalier. Seinen historischen Gegenspieler Baville bewahrt dieser in Brentanos Stück als Leiche in einer Felsengruft auf (ebd., 450). Ob die Einzelheiten bei den Auftritten der Camisarden (Aufständischen, die nach ihrer Tarnung unter Bauernhemden – provençalisch »camisa« – diesen Namen erhielten) historisch richtig sind und/oder den Quellen entsprechen, ist von der Brentano-Forschung noch zu klären, bleibt aber im Kontext des Stückes marginal. Denn Brentano geht es nicht um ein historisches Drama, er versucht ganz grundsätzlich die Rolle von Haß und Liebe im Leben (auch dem politischen Leben) der Menschen darzustellen. Er knüpft damit an Shakespeares *Romeo und Julia* an. Mehrfach wird auf das berühmte Liebespaar im Stück selbst angespielt, und die Liebenden Aloys (Comingos Sohn) und Imelde (aus dem verfeindeten Hause Lussan) reflektieren selbst ihre Situation vor einem Bild von Romeo und Julia, das der als Maler verkleidete Aloys entworfen hat (ebd., 462, 479–483). Imelde ist zu diesem Zeitpunkt bereits mit einem blinden ungeliebten Mann vermählt. Als ihr die falsche Nachricht zugetragen worden war, daß ihr Geliebter Aloys geheiratet hatte, konnte sie dem Druck ihres Vaters nichts mehr entgegensetzen. Wie bei Shakespeare ist die Verfeindung der Familien Ursache für das tragische Ende der reinen Liebesbeziehung zweier argloser junger Menschen. Die Gründe für die Familienfehde sind vielfältig: Neben konfessionellen Differenzen spielen durch Papiere verbürgte Besitzansprüche und psychologische Abgründe im Charakter des Vaters eine Rolle. Comingo scheint von teuflischem Haß getrieben. Er verfolgt seinen Sohn, als dieser die Papiere verbrannt hat, um eine neue Ära des Friedens vorzubereiten, sperrt ihn in einsamer Gegend in ein Turmverlies (ebd., 401, 439) und bereitet die Hochzeit mit einer Magelone vor. Dann übergibt er ihm das Racheschwert, mit dem sich geheimnisvolle Weissagungen verknüpfen (ein Einfluß der »Schicksalstragödie«, wie sie Zacharias Werner in die Tradition romantischer Dramen eingeführt hatte). Der Hochzeitsplan wird von Zinga und Othon durch Verkleidungsaktionen unterlaufen (ebd., 416, 426), eine Szene, die – was das Hochzeitsspiel (ebd., 401–447) angeht – vielleicht durch Andreas Gryphius' *Peter Squentz* (1658) angeregt wurde (vgl. Agnes Harnack, SW 9,2, XXX f.), aber auch an die Auftritte der Schäfer und Schäferinnen in Shakespeares *Wintermärchen* und der Handwerker im *Sommernachtstraum* erinnert (ebd., XXXI). Die Einflüsse Shakespeares auf Brentanos *Aloys und Imelde* faßt Agnes Harnack folgendermaßen zusammen: »Außer Romeo und Julia begegnen uns noch andere Shakespearsche Gestalten: Zinga, die als Jüngling verkleidet ihrem Geliebten als Liebesbote dienen muß, erinnert uns an die liebliche Viola aus *Was ihr wollt*, die in derselben Situation steht. Die bereits oben erwähnten geheimnisvollen Verwandtschaften sind uns aus der Comödie der Irrungen und aus dem Wintermärchen wohl bekannt; und wenn Benavides seinen Nebenbuhler Aloys durch die Zeltwand zu erstechen sucht, so steigt in uns die Erinnerung an Hamlets Ermordung des Polonius auf. Eine starke Ähnlichkeit findet sich auch zwischen den Auftritten, die uns den wahnsinnigen Benserade de Miraman zeigen und den

Wahnsinnsscenen im Lear. Wie Lear treibt auch Miraman ein fantastisches Spiel mit den Blumen der Wildnis, die um ihn blühen. Auch das Wagnis, grotesk-komische mit tieftragischen Scenen wechseln zu lassen, hat Brentano wohl im Hinblick auf Shakespeare unternommen« (ebd., XXXIV).

Die Personen in Brentanos Stück sind durch Kriegsereignisse entwurzelt. Aloys von Lussan, seine Schwester Zinga (lange Zeit als Mann verkleidet) und Othon (von Lussan; ein Cousin der beiden) erfahren erst im Laufe des Stückes, zu welcher Familie sie gehören und wie sie miteinander verwandt sind. Brentano benutzt diese Rollenspiele für komische und tragische Wirkungen und ist gerade mit dieser »Mischung« Shakespeares Dramen verpflichtet. Der Marquis von Comingo und Benavides erinnern darüber hinaus an Shakespeares Schurken Richard III. und Macbeth; wie diese plagt die beiden Bösewichte bei Brentano ein schlechtes Gewissen, das sich in Träumen Luft macht (W 4,468–470). Noch in seiner Todesstunde setzt Benavides alle Mittel der Intrige ein, um seine vermeintlichen Gegner zu vernichten, zu denen er am Schluß auch seine Frau zählt.

Zu einem Happy-End, wie wir es aus den traditionellen Verwechslungskomödien kennen, in denen der Sohn den Vater, die Mutter die Tochter wiedererkennt und Paare sich zusammenfinden, kommt es in *Aloys und Imelde* nicht, obwohl eine solche Wendung im Verlauf des Stückes immer wieder nahezuliegen scheint. Doch Imelde lehnt eine Flucht mit Aloys ab, weil sie sich dem ungeliebten blinden Ehemann Benavides trotz der Umstände, die zur Hochzeit wider Willen geführt haben, verpflichtet fühlt (ebd., 491, 499 f.). Als Benavides sie mit dem Schwert verletzt, scheint sie dies wie eine Märtyrerin erleichtert aufzunehmen. »Wohl mir, ich bin verwundet«, ruft sie aus (ebd., 492). Auch der verletzte Aloys lehnt trotz der persönlichen Gefährdung die Flucht ab, da er Imelde nicht verlassen will (ebd., 492, 495), und wird vom todkranken Benavides erneut in einen Turm gesperrt. Imelde geht es ähnlich: Benavides lockt sie heimtückisch kurz vor seinem Tode in ein verstecktes Gefängnis (ebd., 502), in dem er jahrelang den Camisarden Benserade de Miraman verborgen hatte (ebd., 511). Der Brand des Schlosses ermöglicht allen dreien die Rettung durch unterirdische Gänge; Frieden tritt dann angesichts des Todes ein: als Aloys stirbt, stürzt Imelde sich ins Schwert (ebd., 523).

Neben dem jungen Paar Aloys und Imelde, das sich – wenn auch tragisch mit einem Selbstopfer – für die neue Welt der Liebe einsetzt, ist es der alte Cavalier, der einstige Anführer der Camisarden, der für eine Versöhnung eintritt und als Hüter eines »Friedenstempels« (ebd., 518) auftritt. Nach Agnes Harnack entwirft Brentano einen »Orden, der, ohne nach dem Bekenntnis des einzelnen Mitglieds zu fragen, Katholiken und Reformierte, Juden und Mauren in gleicher Weise aufnimmt und sie mit den Geboten des ewigen Schweigens und des Gehorsams regiert. Dieser seltsamen Gemeinschaft, die katholisch-mönchische Ideale mit freimaurerischen Toleranzideen vereinigt, hat der Dichter den Namen ›Elendsbrüder‹ gegeben. Diesen Namen finden wir seit dem Ende des 13. Jahrhunderts für Congregationen, die sich die Aufgabe stellten, arme Reisende, besonders arme Pilger, zu unterstützen« (SW 9,2, XXV f.). Der Tempel ist zugleich eine Felsengruft, in dem die Opfer der Religionskriege und verfeindeten Geschlechter friedlich beieinander liegen (ebd., 450) und die Ordensbrüder nach dem Zimmern der eigenen Särge selbst bestattet werden. Dorthin zieht sich der alte Cavalier zurück, als er seinen nahen Tod spürt; dort finden sich auch Aloys und Imelde sterbend als Pilger ein (W 4,513 f., 522). Ein Chor intoniert die Verse, die als Leitmotiv über der Tragödie stehen und vielfach variiert im Stück vorgetragen werden. Es handelt sich um zwei Strophen aus einem Lied des 1712 erschienenen Gesangbuchs *Anmuthiger Blumen-Krantz aus dem Garten der Gemeinde Gottes*. Von dem 11strophigen Lied hatten Arnim und Brentano 6 Strophen unter dem selbstformulierten Titel *Erziehung durch Leidenschaft* im 3. Band des *Wunderhorn* aufgenommen (vgl. FBA 8,210f. sowie 9,3, 359–361). In *Aloys und Imelde* erscheinen die erste und letzte (im Gesangbuch vorletzte) Strophe geringfügig variiert:

O Zorn, du Abgrund des Verderbens,
Du unbarmherziger Tyrann,
Du nagst und tötest ohne Sterben
Und brennest stets von neuem an;
Wer da gerät in deine Haft,
Bekömmt der Hölle Eigenschaft!

O Liebe, wo ist deine Tiefe,
Der Urgrund deiner Wunderkraft?
Herz, nur ein einzges Tröpflein prüfe
Von dieses Quelles Eigenschaft;
O, wer in diesem tiefen Meere
Gleich einem Tröpflein sich verlöre!

(W 4,523)

Im Gegensatz zu Shakespeare geht es bei Brentano nicht allein um die reine, ursprüngliche Liebe der jungen Generation, die sich über die gesellschaftlichen Konventionen, Verkrustungen und Verfeindungen der Älteren hinwegzusetzen sucht; er spielt auch auf die zeitgenössische politische Situation an: Vom »Gleichgewicht Europas« (ebd., 424) ist einmal die Rede, und das Stück kann als Plädoyer für friedliche Konfliktlösungen gelesen werden – in einer Zeit, in der ein großer Teil Europas von Napoleon beherrscht wurde und kriegerische Auseinandersetzungen noch bevorstanden, die für Deutschland in den Befreiungskriegen gipfelten, aber dann doch relativ glimpflich ablaufen sollten. Brentano plädiert für die Mäßigung, den Abbau von aufgestauten Gefühlen des Hasses und der Rache; er plädiert auch für die friedliche Überwindung konfessioneller Spannungen, ist jedoch skeptisch, ob sich die tief wurzelnden zerstörerischen Kräfte – der »Abgrund des Verderbens« – durch Liebe überwinden lassen. Erst bei tödlicher Bedrohung und durch das Erbarmen Gottes (vgl. das Gedicht ebd., 522) scheint dieser Friede erreichbar.

Angesichts der politischen, psychologischen und religiösen Aspekte des Werkes sind die persönlichen Anspielungen, die Brentano in eine zweite Fassung seines Stückes (vgl. SW 9,2, 271–472) einbringt, eher sekundär. Die biographischen Hintergründe werden in den Anmerkungen der *Werke* (4,929–936) ausführlich dokumentiert. In einem (nicht erhaltenen) Brief scheint Brentano August Varnhagens Braut Rahel (Levin) beleidigt zu haben, worauf Varnhagen Brentano im Verlauf einer persönlichen Auseinandersetzung in Teplitz zwei Ohrfeigen versetzte und das noch unvollendete Manuskript von *Aloys und Imelde* im April 1812 konfiszierte. Erst nach Intervention von Rahel, die seit Juni 1813 mit Brentano in engeren Kontakt kam (vgl. Isselstein, B 2: 1985, 150–201), gab Varnhagen das Manuskript im Herbst 1814 zurück. In der Zwischenzeit hatte Brentano eine neue Fassung der ersten beiden Akte von *Aloys und Imelde* entworfen, die mit zahlreichen Anspielungen auf die Varnhagen-Affäre durchsetzt sind: Der haßerfüllte Comingo erhält Züge von Varnhagen, Lussan Züge Brentanos, »der Streit beider um die Familienpapiere zu Clairvaux ist zum Streit Varnhagens und Brentanos um das Manuskript der ersten Fassung geworden. [...] Die [...] Schilderung der Maintenon zeigt, wie Brentanos Urteil über Rahel zwischen der Vorstellung von einer Heiligen und einer Hexe hin und her schwankt« (SW 9,2, LXIV ff.).

Die Gründung Prags

Als »romantisches Schauspiel« bezeichnet Brentano sein Drama *Die Gründung Prags* in einer Selbstanzeige, die er im Januar 1813 in der Prager Zeitschrift *Kronos* veröffentlichte (FBA 14,521–535). Dieser Text und ein handschriftlich überlieferter Zueignungstext mit dem Titel *Inbegriff des historisch-romantischen Dramas ...* (ebd., 537–540) zeigen, wie eng Brentanos Konzeption mit dem triadischen Geschichtsdenken der Romantik verbunden ist. Es geht ihm darum, die fabelhafte, sagenhafte, mythische Urzeit dichterisch zu fassen und lebendig zu machen. Im zweiten der genannten Texte (*Inbegriff*) zieht er die in der Romantik immer wieder hergestellte Verbindung zur individuellen Kindheit und spricht von einem Jugendtraum:

> Wie wir aus unserer zarten Kindheit uns wenig erinnern, und wie alles, waß uns daraus bewust ist, gegen das zußammenhängende Bild der Gegenwart einem fabelhaften schönen Traume ähnlig sieht, den man zurückblickend mit Rührung gern den goldnen Jugendtraum nennt, so hat auch die Geschichte der ganzen Welt und aller einzelnen Völker einen solchen Jugendtraum, die historische Fabel. Wenige Staaten aber besitzen eine so schöne Geschichtsfabel ihrer Jugend als Böhmen, das als ein von Wäldern bedecktes Land von einwandernden Slavischen Völkerstämmen besetzt wurde, deren erste und höchste Abkunft von den erleuchteten Geschichtsforschern in dem heilgen Orient gesucht wird, von dem das Herrlichste über die Erde ausgeflossen ist. Aus dieser Historischen Fabelzeit Böheims ist der Gegenstand des vorliegenden Dramas genommen. (Ebd., 537)

Unter »erleuchteten Geschichtsforschern« sind hier nicht Historiker im modernen Sinne zu verstehen, sondern die von Ideen der Romantik getragenen Mythenforscher Creuzer und Görres sowie die frühromantischen Vordenker, die – wie Friedrich Schlegel – im Historiker einen »rückwärtsgewandten Propheten« sahen. Bereits 1808 hatte Friedrich Schlegel seine Abhandlung *Über die Sprache und Weisheit der Indier* verfaßt, 1810 erschien Joseph Görres' *Mythengeschichte der asiatischen Welt*. Beide suchen die »Urmythe« und das »Urvolk« (mit dem auch die geheimnisvollen Zigeuner Europas in unmittelbare Verbindung gebracht werden) im »heilgen Orient«. Einzige Quelle für die »Jugendzeit« der Völker sind Märchen, Sagen und Mythen, die von den Romantikern gesammelt, »restauriert« und nachdichtend »rekonstruiert« wurden. Dabei sind die einzelnen Gattungen nicht streng abzugrenzen, und Brentano führt in seinem Widmungsentwurf als weiteren Begriff die »historische Fabel« ein. Fabel ist hier im Sinne des ›Fabelhaften‹, nicht historisch Nachweisbaren, ›nur dichterisch zu Umschreibenden‹ gemeint. Die so im Drama umfaßte »böhmische Geschichte [ist] eine Seherin, eine Dichterin, eine Künstlerin, die uns, wo die historische Urkunde verstummt, eine höhere, überzeitliche, ewige poetische Wahrheit, die Sage, giebt« (ebd., 522). Die Sage bezeichnet Brentano als Amme der »frühste[n] Kindheit der Geschichte« (ebd.). Das heißt, da historische Quellen fehlen, können nur die Sagen, die wie die Märchen der Ammen zunächst mündlich tradiert wurden, von der goldenen, paradiesischen Urzeit künden: »Wo die historische Wahrheit eintritt, steht der Engel mit dem feurigen Schwerdte bereits vor dem verlorenen Paradies« (ebd., 523). Während der Historiker (im herkömmlichen Sinne) nach Brentanos Meinung kaum Zugang zu den in Sagen verborgenen »Trümmern der Geschichte« findet – »der Dichter [...] wird sie verstehen und auslegen« (ebd.). Sehr deutlich wird hier die bedeutende Aufgabe des Dichters, der nach Auffassung der Romantik die Aufgabe hat, dieses verlorene Paradies wieder ins Bewußtsein zu rufen, um in der tristen Zeit der Gegenwart Perspektiven für die Zukunft zu eröffnen. Im Widmungstext heißt es deshalb mit Bezug auf die politische Gegenwart:

> Mit den Sonnen des Frühlings wird allmählich die Zornfluth wieder zum Abgrund der Erde niederrinnen und ihre ausgetrockneten Adern mit wohlthätigen Flüßen erquicken, dieser Frühling wird dem Tag der Auferstehung gleichen, und die Glieder der durch das Schicksal getrennten Völker Europas werden sich wieder vereinigen, Gott Lob zu singen. (FBA 14,539 f.)

Auf diese Weise ist das »historisch-romantische Drama« eng mit dem triadischen Geschichtsmodell der Romantik verbunden.

Die Sagen zur Entstehung Prags verbindet Brentano in seinem Werk mit den »allgemeinen slavischen Göttersagen«. Das Drama beginnt, wie er in seinem *Kronos*-Aufsatz erläutert,

> mit der Wahl Libussens zur Herzogin, umfaßt ihre Verbindung mit Przemisl, und schließt mit ihrer Vision von der Prager Stadt. Ich habe mich darin, so viel es nöthig war, der allgemeinen slavischen Göttersagen bedient, doch vorzüglich jener, welche den verbreitesten mythischen Vorstellungsweisen und der ewigen Naturdichtung am nächsten liegen. Es begegnen sich hier die weißen himmlischen und schwarzen irdischen Dämonen, wie in allen Glaubenssystemen entgegengesetzt, und motiviren wie im ganzen Leben vieles im dramatischen Conflict. Ein Anklang des Christenthums, welches später in Böhmen erschienen, schwebt episodisch durch das Ganze, geht aber unausgesprochen nothwendig darin unter, und bewirkt einen tragischen Effekt in historischer Vorahndung. Die drei sibillischen Schwestern, Tetka, Cascha, Libussa stehen, die Erste zum Himmel, die Zweite zur Natur, die Dritte zum Leben prophetisch gewendet, welches in der letzten durch ihre Verbindung mit Przemisl zur

> Geschichte wird [...]. Zwischen diesem Kampfe des Lichts und der Finsterniß schwankt von Stolz und Leidenschaft bis zur Raserei zerrissen, Wlasta [...] und geht Trinitas, eine byzantinische Christin, die mit heiligem Berufe kaum das heidnische Land betrat, tragisch unter. Wlasta gedenke ich in einer zweiten Tragödie, der Mägdekrieg, zu erschöpfen; mit Trinitas ist mir eine dritte, Ludmilla, begründet, wenn anders meine Muse schonender Freunde genießt. (FBA 14,528)

Die Andeutungen Brentanos lassen erkennen, daß er eine Trilogie plante; die Tragödien »Der Mägdekrieg« und »Ludmilla« nahm er jedoch nicht in Angriff.

Zwischen 1812 und 1814, in einer Zeit, in der er sich überwiegend in Prag und Bukowan aufhielt und auch Kontakt aufnahm mit Prager Forschern wie dem »Altmeister der historisch-kritischen Forschung in Böhmen« (Goethe): Abbé Josef Dobrovsky (1753–1829), und dem Prager Gymnasialprofessor und Dichter Joseph Georg Meinert (1775 1844) (vgl. W 4,948 f.), schrieb Brentano an der *Gründung Prags*. Zunächst dachte er an eine Oper, von der er Varnhagen Ende März 1812 einen 1. Akt vorlas, dann entstand eine Prosafassung des Schauspiels, die im Herbst des gleichen Jahres zur Versfassung in gereimten fünffüßigen Jamben umgearbeitet wurde und Ende Dezember 1812 fertig war. Auf Juni 1813 ist der Prolog datiert, in dem Brentano Autobiographisches verarbeitet und auch auf den Verlust der *Aloys und Imelde*-Handschrift anspielt (»Um Lied und Liedesmuth beraubt«; FBA 14,12). Vor der Drucklegung überarbeitete Brentano das Werk noch einmal im Frühjahr und Sommer 1814. In der zweiten Oktoberhälfte erschien das Buch (mit der Jahreszahl 1815 vordatiert). Einige Chroniken, Geschichtswerke und Märchen (wie die Darstellung der Libussa in Musäus' *Volksmärchen*) nennt Brentano in seiner Voranzeige und seinen umfangreichen Anmerkungen zum Stück selbst; die genauen bibliographischen Angaben dazu und weitere Quellen werden in Otto Brechlers Einleitung der *Sämtlichen Werke* (10,XVII–XXXI) und den Anmerkungen der *Werke* (4,944–950) genannt. Detaillierte Inhaltsangaben zur Libussa-Sage finden sich in den *Werken* (ebd., 946 f.), zum Drama Brentanos in *Sämtlichen Werken* (10,XXXI–LVII).

Brechler weist darauf hin, daß anstelle von Shakespeare nun Calderón in das Blickfeld Brentanos gekommen ist. Auch mit dieser Wendung zur spanisch-christlichen Dramentradition folgt er der Rezeption A. W. Schlegels, dessen Übersetzungen von Calderóns Dramen *Die Andacht zum Kreuz* und *Der standhafte Prinz* Brentano gelesen und begeistert aufgenommen hatte. Bettine empfiehlt er Ende Juni 1809 den *Standhaften Prinzen* in Schlegels Übersetzung mit den Worten:

> [...] eine so erquickende Größe des Helden, so bitter das Tragische und so schonend auf den Händen der Kunst getragen, aller Schmerz geht in Bewundrung unter; in der Oekonomie des Stücks keine Person zu viel, unendlich reich doch ganz in leichter Uebersicht, alles nothwendig und frei, herrlich, dieses lesend fühlt man kein Bedürfniß nach Shakespear, hier liegt auch eine Unendliche Welt. (FBA 32,161)

Aus einem undatierten (durch Siegelabriß beschädigten) Brief an den befreundeten Pfarrer Johann Heinrich Christian Bang, den Brentano dem Poststempel nach am 19. Februar [1813] schrieb, als er sein »bestes vollendetstes Gedicht *Die Gründung Prags* [...] in Versen abschriftlich zu Ende gebracht«, zitiert Brechler die Passage:

> Glaubt nicht, daß ich je zu dichten aufgehört, ich weiß nur seit etwa zwei Jahren erst, waß dichten ist, und habe an Calderons standhaftem Prinzen zuerst einen deutlichen materiellen Begriff erhalten, waß ein Kunstwerk ist, wie [Jako]b Böhm durch den Glanz einer zinnernen Schüssel zur Anschauung seiner [Th]eosophie gekommen [...].
>
> (SW 10,XVII; hier korrigiert nach der Handschrift)

Der seltsame Vergleich belegt, daß die Lektüre von Calderón, von dem Brentano vermutlich weitere Werke in der Ursprache gelesen hatte und auch eine Szene aus *Das Leben ein Traum* verarbeitete (vgl. ebd., XXXIII), bei ihm eine Art »Erweckung« auslöste. Brechler sieht hier die deutlichen Vorboten für die religiöse Rückbesinnung Brentanos, die dann erst in der Berliner Zeit 1816/17 manifest wird.

Daneben wurden für Brentano auch die Dramen von Zacharias Werner (1768–1823) bedeutsam und dessen Konzeption eines »Schicksalsdramas«, in dem ein bestimmtes Requisit und damit verbundene Prophezeiungen eine konstituierende Rolle spielen (wie bei Brentano das Racheschwert und die Prophezeiungen einer Zigeunerin in *Aloys und Imelde*). Für die *Gründung Prags* waren Werners *Das Kreuz der Ostsee* (1806) mit Darstellungen der Sitten und Religion im alten Preußen und *Wanda* (1810) wesentlich, das die heidnischen Traditionen in Polen aufgreift und wie Brentanos Werk persönliche Erfahrungen des Dichters in einem noch relativ urtümlichen, von abergläubischen Relikten aus vorchristlicher Zeit mitgeprägten slawischen Land einarbeitet (vgl. ebd., XXIII f.).

Das Urteil über Brentanos Werk war nur bei Freunden günstig, die sich eher »wissenschaftlich« sammelnd als künstlerisch mit den Mythen und Traditionen der »alten Zeit« beschäftigten: bei den Brüdern Grimm. Jacob teilt sein Votum bereits am 21. Oktober seinem Bruder mit: »So viel ich an dem Buch selbst sehe, ist es höchst ausgezeichnet und merkwürdig und vermuthlich des Clemens beste Arbeit«. Nach der Lektüre der Hälfte des Bandes schränkt er am 2. November nur wenig ein: »Das Buch ist durchweg gescheidt und nirgends leer, vieles ausnehmend schön; im Ganzen fehlt ihm wohl eine gewisse Gesundheit und Geradheit«. Als Wilhelm mit der Hälfte fertig ist, schreibt er am 12. November zurück: »die schwarze Kunst darin gefällt mir bis jetzt noch besser als die weiße, die Hexe ist trefflich, auch schreitet, so wie sie kommt, die Handlung fort, die sonst leicht stockt, viel Sorgfalt ist überall sichtbar bis in jedes Einzelne« (alle Zitate nach: SW 10,LXIV). Die dramaturgischen Mängel, die Wilhelm hier nur andeutet, streicht ein Kritiker der *Jenaischen Allgemeinen Zeitung* heraus, der im Mai 1815 von einem »gänzliche[n] Mangel an Handlung, an wahrhaft dramatischem Leben« spricht und behauptet: »was die innere poetische Kraft versagt, soll durch eine Spiegelfechterei der Phantasie geschaffen werden, und daraus entsteht die ganze Handlung.« Allerdings lobt der unbekannte Rezensent die Trinitashandlung des Stückes als »überschwenglich liebliche Dichtung, die sich wie ein goldener Faden durch das scheckige Gewirr des ganzen Dramas windet« (zit. nach: ebd., LXV).

Arnim, der aus Berlin in seinen Briefen warmen Anteil an dem Libussa-Projekt seines Freundes genommen und selbst eine Reihe von Dramen mit mythologischen Elementen entworfen hatte, ist von dem fertigen Werk enttäuscht; ihm fehlen offensichtlich die psychologische Motivierung der Personen und daraus resultierende dramatische Effekte. An Wilhelm Grimm schreibt er am 10. Februar 1815:

> [...] mir ist unbegreiflich, wie bei so viel Schönheit, Ausarbeitung und Vollendung im Einzelnen ein herrlicher tragischer Stoff als Ganzes betrachtet so verdorben werden kann. Welch eine Tragödie liegt in der alten Libussa, die nicht heirathen will, aber vom Geiste des Volkes überschauert sich selbst einen Mann an gewissen Kennzeichen erschaut, wie ihn die Abgesandten finden werden am Eisernen Tisch; die sich selbst nicht versteht und über ihr Leben doch entscheiden muß; dann die Verwunderung dieses einsamen, frommen, von aller Welt vergessenen Primislaus, wie er zum Throne berufen wird und seinen Acker betrachtet. Ich glaube, Clemens sollte mit einem andern zusammenarbeiten, wie Beaumont und Fletcher, wenn zu seiner

Erfindsamkeit im Einzelnen ein guter Planmacher käme, so würde alles herrlich. (Zit. nach: ebd., LXIV)

Arnim sollte mit seiner Skepsis rechtbehalten: das Stück wurde nicht aufgeführt und geriet bald in Vergessenheit. Erst eine nochmalige Bearbeitung des Libussa-Stoffes, die Grillparzer zwischen 1837 und 1847 vornahm, führte zu einem (auch für Grillparzer postumen) Bühnenerfolg. »Grillparzer, der Dramatiker, griff – die Gattung eines symbolischen oder symbolistischen Stückes beibehaltend – mit sicherer Hand aus dem von Brentano behandelten Stoffe das dramatisch Wirksame heraus; der ganze große mythologische und ethnologische Apparat fiel, der Konflikt wurde in das rein Persönliche verlegt, die Charaktere scharf umrissen herausgearbeitet, Bild und Ausdruck ohne Überschwang gefügt, die Dunkelheit Brentanos zu einer großzügigen Nachdenklichkeit vertieft. Viele Berührungen der beiden Dichter haben ihren Grund in den gemeinsamen Quellen; es sind aber auch einzelne ausgesprochen Brentano'sche Motive von Grillparzer übernommen, einigemal finden sich auch wörtliche Anklänge. [Anm.:] »Die ersten Entwürfe, die sich erhalten haben, zeigen die Beziehungen zu Brentano noch sehr deutlich« (Otto Brechler, ebd., LXVI).

Patriotische Gelegenheitsdichtungen

Ein Durchbruch auf der Bühne gelang Brentano auch in der Wiener Zeit nicht, obwohl er mit aller Macht danach strebte, Nachfolger des in den Freiheitskriegen gefallenen Theodor Körner zu werden und durch Theaterkritiken und Kontakte zur Wiener Theaterszene mit seinen Texten die

Bühne zu erobern. Ein Erfolg schien ihm greifbar nahe, denn er bat auch seinen Freund Arnim Anfang Dezember 1813, alle seine Stücke für die Bühne aufzubereiten, um sie in Wien zur Aufführung zu bringen (Schultz, 694). Die politische Lage schien ihm aussichtsreich für patriotische Dichtungen, und so schrieb er Singspiele zu den Erfolgen der Alliierten im Kampf gegen Napoleon. *Österreichs Adlergejauchze und Wappengruß in Krieg und Sieg* (1813) und *Am Rhein am Rhein* (entstanden 1813, publiziert 1817) sind zwei dieser Werke, von denen das zweite nach Schwierigkeiten mit der Zensur erst mit beträchtlicher Verspätung veröffentlicht werden konnte. Während das Lied *Rheinübergang Kriegsrundgesang* 1814 auch in einer Version mit Komposition erscheinen konnte und nach Brentanos Angaben auch in der Wiener Oper zu hören war (vgl. den Text bei Grus, B 9: 1995, 119 f.), wurden *Die deutschen Flüsse* (ein »Festspiel der Flußgötter«) vom Burgtheater abgelehnt. Der Text ist nur handschriftlich überliefert. Das Singspiel *Viktoria und ihre Geschwister mit klingenden Fahnen und brennender Lunte* (ein »klingendes Spiel« mit »mehreren Musikbeilagen«) schrieb Brentano »binnen vierzehn Tagen nach der Schlacht von Leipzig« 1813 für das Theater an der Wien, wo es von der Zensur abgelehnt wurde (ebd.), und publizierte es ebenfalls erst 1817 in Berlin. Wie alle diese Gelegenheitsdichtungen im einzelnen miteinander zusammenhängen und auf die jeweilige aktuelle Situation reagieren, ist von der Brentano-Forschung noch nicht untersucht worden. Auf der Wiener Bühne kamen (als Zwischenspiel zu einem Kotzebue-Stück) am 11. Februar 1814 lediglich der Text *Die drei Namen der Liebe des Österreichers* (vgl. W 1,311 f.) im Burgtheater zu Gehör und »Verstümmelungen« von »Oesterreichs Wappengruß [...] auf dem Leopoldstätter Theater« (vgl. Brentanos Text bei Grus, B 9: 1995, 119 f.). Die Erfolge, die Beethoven mit seiner Schlachtenmusik *Wellingtons Sieg oder Die Schlacht bei Vittoria* (und der siebten Sinfonie) in Wien im Dezember 1813 feiern konnte, blieben für Brentano aus, der Beethoven mit einer Rezension des *Fidelio* ehrte (vgl. W 2,1125) und in seinem Gedichtzyklus *Nachklänge Beethovenscher Musik* (W 1,308–311) ebenfalls Wellingtons Sieg feierte. Auf die Zusendung des Textes durch Brentano (vgl. ebd., 1110) reagierte Beethoven nicht einmal.

Ursache für Brentanos Mißerfolge als patriotischer Theaterdichter in Wien war u. a. die Unsicherheit der politischen Lage. Obwohl die Mehrheit der Bevölkerung in Österreich vermutlich zum Kampf gegen Napoleon zu begeistern war, verhielten sich die politischen Machthaber zunächst abwartend. Bayern und Österreich waren offiziell mit Napoleon verbündet gewesen, fürchteten eine Rückkehr des mächtigen Mannes und zugleich ein Wiedererstarken demokratischer Bestrebungen im eigenen Land (vgl. Grus, B 9: 1995, 118–137). So wurden verbale Freudenbekundungen, die zur Kriegsbegeisterung der Bevölkerung hätten führen können, auf dem Theater durch die Zensur verhindert, und je patriotischer sich Brentano gebärdete, desto skeptischer wurden seine Vorstöße betrachtet. Es waren die Zensurbehörden und opportunistische Theaterdirektoren wie der undurchsichtige Graf Pálffy (zwischen 1813 und 1825 Leiter des Theaters an der Wieden), mit denen Brentano zu tun hatte. Man speiste Brentano mit hinhaltenden Auskünften ab und verlangte kuriose Änderungen seiner Texte, um die Freigabe herauszuzögern. Als dann *Valeria oder Vaterlist*, eine Theaterfassung seines frühen Stückes *Ponce de Leon*, bei der Premiere am Burgtheater am 12. Februar 1814 durchfiel, war Brentanos Versuch, sich als Theaterdichter in Wien zu etablieren, endgültig gescheitert.

Weitere Dramenfragmente

Neben den publizierten Dramentexten Brentanos gibt es eine Reihe von handschriftlich überlieferten Entwürfen, die von der Forschung noch nicht aufgearbeitet wurden. In den *Werken* (4,887–902) sind sie in einer Liste zusammengefaßt, die jedoch insofern irreführend ist, als auch Projekte, die Brentano in einzelnen Briefen erwähnt – vermutlich, ohne je eine Zeile unter diesem Titel geschrieben zu haben –, aufgeführt sind. Zu solchen imaginären, nur kurze Zeit in der Phantasie des Dichters aufscheinenden Texten gehören u. a. »ein Stück für Marionetten« (ebd., Nr. 4), »ein Trauerspiel mit fünfundzwanzig Helden« (Nr. 6), »Die Schauspielerin und der Liebende« (Nr. 9) sowie ein »Trauerspiel Klinge und Heft« (Nr. 11). »Vertumnus und Pomona« (Nr. 13) und ein gemeinsam mit Bettine entstandener Entwurf *Jacobi* (nicht in den *Werken* erwähnt), erschienen in der Frankfurter Brentano-Ausgabe (12,339–343, 909–920), so daß an umfangreicheren Texten von größerem Gewicht nur die in zwei Fassungen überlieferte *Juanna* von 1809 (Nr. 18), *Blutschuld. Totenbraut* aus dem Jahre 1811 (Nr. 15) und *Geheimrat Schmalz* (nach 1814) der Publikation harren; das Fragment *Die Zigeunerin* von 1813 veröffentlichte Nicolaus Saul 1998 im »Jahrbuch des Freien Deutschen Hochstifts« (S. 138–158).

Zusammenarbeit mit bildenden Künstlern

Brentanos Werke zeichnen sich durch ein hohes Maß an Bildlichkeit aus, und der Autor selbst hat die Kooperation mit bildenden Künstlern, von denen er Illustrationen seiner Texte erhoffte, gesucht. Ausführlich erläutert er Philipp Otto Runge (1777–1810) das Projekt der *Romanzen vom Rosenkranz* (vgl. Brentano/Runge sowie S. 59) und schreibt sorgfältig sieben Romanzen ins Reine, um ihn zur Zusammenarbeit zu bewegen. Runge fehlte der Zugang zu Brentanos Romanzen-Texten, er lehnte ab, und so kam es nicht zu den vom Dichter erhofften Randzeichnungen. Der plötzliche Tod des Malers im Jahre 1810 machte dann weitere Projekte unmöglich, und es blieb bei Runge-Adaptionen in den Titelstichen des *Wunderhorn* und bei den Illustrationen zu *Gockel, Hinkel und Gackeleia*.

Bei Ludwig Emil Grimm (1790–1863), einem jüngeren Bruder der befreundeten Märchensammler, kam es bereits in der Studienzeit zu einer engen Zusammenarbeit. Brentano kümmerte sich persönlich darum, ihm eine finanzierbare Ausbildung zum bildenden Künstler zu ermöglichen. Im Briefwechsel mit Arnim geht es um geeignete Lehrer in München und um die Frage, welchem Genre sich der angehende Künstler widmen soll (Schultz, 541–553); zugleich verschafften Arnim und Brentano ihm Auftragsarbeiten, er wirkte bei den *Wunderhorn*-Titeln und der *Zeitung für Einsiedler* mit (ebd., 506–531) und schuf eine große Zahl an Zeichnungen, Kupferstichen und Ölbildern, die den Freundeskreis der romantischen Dichter darstellen. Seine Begabung lag nicht in der Ölmalerei, doch gibt es zwei wenig bekannte großformatige Ölporträts von Schwestern Brentanos: Bettine (Original in London)[1] und Meline in altdeut-

1 Vgl. »Bettine von Arnim« (s. S. 157, Anm. 1), S. 29.

scher Tracht (Privatbesitz; Leihgabe im Freien Deutschen Hochstift).

Weitere namhafte Künstler, mit denen Brentano freundschaftliche Zusammenarbeit pflegte, sind Wilhelm Hensel (1794–1861), der Bruder der Freundin Luise Hensel, der Berliner Oberbaurat Karl Friedrich Schinkel (1781–1841), der Frankfurter Maler Edward von Steinle (1810–86) und die Baseler Malerin Emilie Linder (1797–1867).

Mit zahlreichen Zeugnissen ist zu belegen, daß Brentano bei der Gestaltung von Illustrationen zu seinen Werken intensiv mitarbeitete. Wie stark er auf seine Illustratoren im einzelnen einwirkte, belegen erhaltene Entwürfe aus seiner Feder zur Titelei des *Gockel*-Märchens und zum Rheinmärchen. Bis ins Detail legte der Dichter in seiner Skizze den Bildaufbau fest, den (im Falle des Rheinmärchens) Wilhelm Hensel präzise kopierte (vgl. FBA 17, Abb. 5 und 6 sowie hier S. 101). Es ist davon auszugehen, daß auch die Lithographien zum *Gockel*-Märchen, die von Maximiliane Pernelle (gest. 1836) und Ludwig Emil Grimm stammen (vgl. Schuster, B 10: 1980; vgl. hier S. 118, 120 und 123), bis in alle Einzelheiten vom Dichter bestimmt wurden. »[...] er las mir Bruchstücke daraus vor«, berichtet Ludwig Emil Grimm in seinen Lebenserinnerungen, »und hat mich nachher mit den Zeichnungen, die er dazu hat machen lassen und die ich ihm korrigieren sollte, entsetzlich geplagt« (zit. nach: W 3,1120). Zum sogenannten »Lebensbaum«, einem Geburtstagsgeschenk für Emilie Linder, hat sich eine großformatige Vorzeichnung erhalten, an der Brentanos Einwirken unmittelbar erkennbar ist (vgl. Feilchenfeldt/Frühwald). Die ausgeführte Fassung gehört zu den Kriegsverlusten des Freien Deutschen Hochstifts.

Renate Moering gelang die Entdeckung eines Fragments, das als Brentanos Vorzeichnung zu einer Illustration der *Barmherzigen Schwestern* gelten kann (vgl. FBA 22,1, 127; 22,2, Abb. 5). Die ausgeführte Lithographie zu der *Kleidung der Barmherzigen Schwestern* stammt von Franz Brentano (1801–41), einem Vetter des Dichters. Auch zu dem Titelbild, an dessen Ausführung Ferdinand Fellner (1799–1859) mitwirkte (vgl. FBA 22,2, 105–120), hat sich ein detaillierter Entwurf des Dichters erhalten (vgl. ebd., Abb. 6), der dann in der Diskussion mit dem Künstler abgewandelt wurde. Wenn eine entsprechende Zeichnung zur zweiten Lithographie Fellners fehlt (vgl. FBA 22,1, 407; 22,2, 119), so bedeutet das nicht, daß Brentano in diesem Falle verzichtete, seinen Einfluß bei der Gestaltung der Illustration geltend zu machen. Vielmehr ist davon auszugehen, daß sich Zeugnisse in Form von Skizzen nur ausnahmsweise erhalten haben. Brentano selbst dürfte seinen Entwurf zur Lithographie der *Barmherzigen Schwestern* zerschnitten und einzelne Blattabschnitte weggeworfen haben. Er faßte seine Vorzeichnungen nicht als Kunstwerke auf, sondern skizzierte sie auf freigebliebenen Blättern seiner Handschriften. Wenn sie von den ausführenden bildenden Künstlern rezipiert worden waren, hatten sie ihre Bedeutung verloren.

Für die additiven Bildkompositionen benutzte Brentano Elemente aus anderen Kunstwerken. Neben Kompositionselementen von Runge, die besonders in der Titelei zu den *Kinderliedern* des *Wunderhorn* (vgl. FBA 8,238 f., 9,3, 411–417 sowie hier S. 40 f.) und dem *Gockel*-Märchen erkennbar sind (vgl. Schuster, B 10: 1980, 340 sowie Abb. 1–6 und 8 sowie hier S. 123), lassen sich auch zahlreiche ältere Vorlagen nachweisen, die Heinz Rölleke in seinen Erläuterungen zu den *Wunderhorn*-Titeln (FBA 9,1–3) und Peter Klaus Schuster in seiner verdienstvollen Arbeit über *Bildzitate bei Brentano* (B 10: 1980) im einzelnen vorstellen. Schuster gelang es zugleich, die modernen, auf den Surrealismus vorausweisenden Bildelemente der von Brentano inspirierten Illustrationen zu demonstrieren, Rölleke wies zuerst auf den »kontaminierenden« Stil dieser Bildkompositionen hin – ein Begriff, der jedoch in der Kunstgeschichte nicht eingeführt ist und auch wegen seiner negativen Bedeutung in der Editionswissenschaft problematisch bleibt.

Aus dem freundschaftlichen Umgang mit Schinkel entstand nicht nur das Bild Schinkels zu einer Brentano-Erzählung (vgl. S. 144) sondern auch ein erstes Titelbild zum Märchenprojekt (vgl. Abb. im Ausst.-Kat. 1970, 97 f.). Es stellt die Schlußszene des ursprünglichen Rahmenmärchens dar, das Brentano (nach dem Vorbild von Basiles *Pentamerone*) *Märchen von den Märchen oder Liebseelchen* nennen wollte. Brigitte Schillbach gelang eine Revision der Datierung: das Bild entstand 1815 (vgl. FBA 19,433). Weitere Illustrationen Schinkels zu Texten Brentanos sind nicht bekannt. Die versteckte Kritik Brentanos am Dekorations- und Illusionsstil des Berliner Hofbaumeisters, die in seinen Gelegenheitsversen artikuliert wird (FBA 3,1, 373–376), lassen eine fruchtbare Zusammenarbeit bei der Bildgestaltung auch unwahrscheinlich erscheinen. Brentano konnte auf Dauer nur mit Künstlern zusammenarbeiten, die seine Vorgaben detailgetreu aufnahmen.

Exemplarisch für diese Art der Kooperation ist die Zusammenarbeit mit Edward von Steinle. Seit 1837 korrespondierte Brentano mit ihm über Illustrationen zu einigen Werken (Gedichte, *Lehrjahre Jesu*, Märchen); erst die vollständige Publikation der zum größten Teil unveröffentlichten Steinle-Korrespondenz wird dieses Zusammenwirken der letzten Jahre im einzelnen belegen. Zu Lebzeiten Brentanos kam es nur zu wenigen ausgeführten Zeichnungen und nicht mehr zu Veröffentlichungen, obwohl Brentano noch im November 1839 Böhmer einschaltet: »Reden Sie doch geheim und vertraut mit Steinle darüber, daß er sich erbarmen möge, ganz leichte, anspruchslose Skizzen, als sei es für seine Kinder, dazu [zu den Rheinmärchen] zu machen« (zit. nach: W 3,1078). Die Zeichnungen und Stiche Steinles wären sicherlich von Brentano weiteren Veränderungen unterworfen worden, wenn es zu einem Abdruck seiner Werke mit Illustrationen gekommen wäre. Darauf deutet jedenfalls Brentanos Umgang mit den Künstlern bei den fertiggestellten Projekten (dem *Wunderhorn* und dem *Gockel*-Märchen) hin.

In dem Werk »Clemens Brentano und Edward von Steinle« (zit. als: Steinle) sind die Zeichnungen und Stiche Steinles reproduziert und dazugehörige Briefe und Werke Brentanos abgedruckt. Das Verhältnis von Text und Bild ist hier zum Teil umgekehrt. Brentano hat Texte zu einzelnen Werken Steinles verfaßt. Diese allerdings basieren wiederum auf Diskussionen im Briefwechsel oder Vorstufen zum später veränderten Text Brentanos. So gibt es eine Zeichnung Steinles von 1838 (Steinle, 33) mit dem Titel *Leben der hl. Marina* und einen drei Jahre später ins Reine geschriebenen dazugehörigen Text Brentanos: *Legende von der heiligen Marina. Zueignung. An den Historienmaler Edward Steinle aus Wien. 1841.*

Der Steinle-Band bietet ferner Illustrationen zum *Fanferlieschen*-Märchen (1848; Steinle, vor dem Titel), »Als du geboren wurdest, hast du geweint« (*Spruch*, 1837; ebd., 26), *Leben der Heiligen Jungfrau Maria* (1838/39; ebd., 29), »Als Sankt Franziskus bat am Heilgen Stuhl zu Rom« (1837; ebd., 31), das vielfach reproduzierte Bild *Clemens Brentano, seine »Mehreren Wehmüller« vorlesend* (1841; ebd., 51, hier S. 77; das Porträt Brentanos ist als Zeichnung mit dem Zigeunergeiger Michaly aus der Erzählung und als isolierte Skizze überliefert; beide Zeichnungen heute im Freien Deutschen Hochstift), *Die mehreren Wehmüller* (*Zug aus der Czarda*) (1849; ebd., 81; heute im Freien Deutschen Hochstift; eine Variante von 1854 mit anderer Perspektive ebd., 105).

Zahlreiche Illustrationen Steinles sind den Märchen Brentanos gewidmet. Sie sind z. T. in großem Format angefertigt und entstanden als Auftragswerke der Guaita-Familie, die in einer Frankfurter Stadtvilla ein Gedenkzimmer für den Dichter aus der Brentano-Familie einrichtete (vgl. Steinle, 100–102, sowie Schillbach, FBA 19,446). Diese Serie wird auf das Jahr 1854 datiert und umfaßt vermutlich neben Bildern zu den *Wehmüllern*, der *Chronika eines fahrenden Schülers* (Steinle, nach 98) und den *Romanzen vom Rosenkranz* (ebd.) als Darstellungen zu den Rheinmärchen *Rad-*

lauf und Ameleya ziehen nach Mainz (ebd.), *Zug der Nebenflüsse zu Vater Rheins Wasserschloß* (ebd.; hier S. 95) und *Ameleyas Rückkehr* (ebd.). Als Illustration zu einer Buchpublikation dürfte der Stich *Märchen vom Rhein und Müller Radlauf*, der verschiedene Motive des Märchenzyklus vereint, gedacht sein (ebd., vor 103). Früher entstanden *Fischer Petrus und seine Frau lauschen der Erzählung des Goldfischleins* (1846; ebd., nach 120), *Wie sich die Schiffe begegnen* (1849; ebd., nach 108), erst 1870 *Radlauf weckt Ameleya* (ebd., nach 112).

Motive aus den Märchen Brentanos verarbeitet Steinle auch auf seinem insgesamt über 17 Meter langen Fries, der vom Frankfurter Städel 1915 auf einer Versteigerung erworben wurde und im Œuvre-Verzeichnis Steinles[2] nicht verzeichnet ist (vgl. FBA 19,446 sowie Abb. 11 und 12).

Steinles in der Münchner Schack-Galerie aufbewahrtes Ölbild *Frau Loreley* von 1864 (Steinle, nach 132), das eine vampartige Frau mit Laute zeigt, hat nach Meinung von Brigitte Schillbach mit dem Lureley-Text und der Ausarbeitung des Lureley-»Mythos« in den Märchen wenig zu tun. Hier dürfte eher die populär gewordene Verarbeitung des Stoffes bei Heinrich Heine nachgewirkt haben (FBA 17,445).

Zur *Chronika eines fahrenden Schülers* entstand nach 1882 eine dichte Folge von Illustrationen mit den Titeln *Johannes im Garten des Ritters Veltlin* (Steinle, nach 144; hier S. 74), *Johannes mit seiner Mutter in der Klosterkirche* (ebd., nach 150), *Johannes mit seiner Mutter vor der Krähenhütte seines Großvaters* (ebd., nach 152), *Junker Sigmund besucht den alten Kilian und dessen Tochter* (ebd., nach 154), *Des fahrenden Schülers Mutter während des Begräbnisses ihres Vaters auf dem Turme* (ebd., nach 160), *Johannes schlichtet den Streit der beiden Zimmergesellen*

2 *Edward von Steinle. Des Meisters Gesamtwerk*, Kempten/München 1910.

Der Pilger unter dem Kreuz
Gedenkblatt Edward von Steinles für Clemens Brentano
Bleistiftzeichnung (1842)

(ebd., nach 180) sowie *Johannes, dem Ritter Veltlin und seinen Töchtern vorlesend* (ebd., nach 188).

Auf 1853 wird eine Darstellung von Graf Gockel datiert (ebd., vor 209), während ein im Frankfurter Städel aufbewahrtes Blatt Brentanos vielfach als Stammbucheintrag verwendete Strophe »Engel, die Gott zugesehen« thematisiert und ein Bild zu »O Stern und Blume«, das Steinle mit den kalligraphisch gestalteten letzten beiden Verszeilen aus der Spätfassung des *Gockel*-Märchens unterlegt, auf Brentanos Todesjahr datiert wird (ebd., nach 212). Während die meisten Darstellungen Steinles recht realistisch geraten und Brentanos Kennzeichnung des Künstlers als »Historienmaler« entsprechen, zeigen die letzten beiden Darstellungen den starken Einfluß der Nazarener: Große Engel, wie sie für Grabdenkmäler des späten 19. Jahrhunderts kennzeichnend sind, dominieren die Bilder und geben ihnen eine süßliche Stimmung. Auch das *Gedenkblatt an Clemens Brentano* (1842; ebd., 95; hier S. 193) läßt diesen Einfluß erkennen; es zeigt den Dichter als »Pilger unter dem Kreuz« in Mönchskutte, ein überdachtes Kreuz umarmend mit schmachtendem Blick zum Himmel.

Während Steinle die Religiosität des befreundeten Brentano kritiklos darstellt und sein als Hommage gedachtes Bild nur aus heutiger Perspektive wie eine Verhöhnung eines frömmelnden, larmoyanten, bigotten Dichters von katholischer Erbauungsliteratur wirkt, behandelt Luise Duttenhofer (1776–1829) das gleiche Thema kritisch-humoristisch. In Scherenschnitten zeigt sie »Brentano, den Konvertiten« als eine Art Marionette, die von einem auf einer Blüte sitzenden jungen Mädchen an Fäden locker geführt wird (S. 195). Offensichtlich spielt sie auf Brentanos Verhältnis zu Luise Hensel an bzw. weist auf die »Schwäche« Brentanos hin, dessen Bekehrungsversuche mit erotischen Abenteuern (auch im Falle der Basler Malerin Emilie Linder) untrennbar verbunden sind. Weitere Scherenschnitte

Brentano, der Konvertit
Scherenschnitt von Luise Duttenhofer

zeigen Brentano im Habit eines Bischofs und als »Säulenfigur«, während das bunt hinterlegte Bild, das einen Schmetterling mit Brentano-Kopf zeigt, das Phantastisch-Schwebende, vielleicht auch Unstete in Brentanos Wesen thematisiert (vgl. Chronik, Abb. 13–16).

Weitere Brentano-Darstellungen, die jedoch auf satirische Elemente verzichten, stammen von Friedrich Tieck, Ludwig Emil Grimm, Wilhelm Hensel und Emilie Linder. Einen jungen, auch nach Auffassung des Dichters stark idealisierten Kopf zeigt die Gipsbüste von Friedrich Tieck (ebd., Abb. 2). Es war der Bruder des Dichters Ludwig Tieck, der sie im Auftrag des Dichters für dessen Schwester Bettine in Weimar fertigte (vgl. Schultz, 161 f.). Abgüsse wurden jedoch auch für Arnim, Savigny und weitere Freunde und Verwandte hergestellt, so daß heute eine Reihe von gleichwertigen »Originalen« existiert (ein Mutterstück aus Marmor oder anderem Gestein fertigte Tieck nicht an).

Während die Zeichnungen Wilhelm Hensels den Berliner Literaten Brentano aus dem zweiten Jahrzehnt des 19. Jahrhunderts abbilden (vgl. Chronik, Abb. 3–5; hier S. 27), stammt der bekannte Stich Ludwig Emil Grimms mit Motiven des *Gockel*-Märchens im Hintergrund (ebd., Abb. 7) aus den dreißiger Jahren. Noch später entstand das Ölbild von Emilie Linder, das heute im Orden St. Bonifaz in München hängt und vielfach in Nachschlagewerken reproduziert wurde (vgl. Ausst.-Kat. 1978; hier S. 31). Ein zweites Porträt, das Eingang in Lexika fand und von Johann Gottfried Schadow stammt, beruht auf einer Fehlzuweisung. Es war Bernhard Gajek, der schon früh darauf aufmerksam machte, daß der schmachtende Jüngling dieses Bildes[3] nicht Brentano, sondern Wilhelm von Schadow darstellt.

Auch das Bild Wilhelm von Kaulbachs (1805–74; vgl. Chronik, Abb. 11) kann an die Darstellung Emilie Linders

3 Vgl. etwa die Abb. in der »Brockhaus-Enzyklopädie in 20 Bänden«, Wiesbaden [17]1966 ff., Bd. 1, S. 355. Bernhard Gajek hat mehrfach auf den Irrtum hingewiesen.

nicht heranreichen, denn der mit Brentano in der Münchner Zeit befreundete Maler, der auch für die Zeichnungen zu Brentanos Text *Rotkehlchens, Liebseelchens Ermordung und Begräbnis* verantwortlich ist (vgl. *Gedichte*, 1979, 220, 305), hat den Dichter »aus der Erinnerung gezeichnet«.

Verzeichnis der abgekürzt zitierten Literatur

Ausst.-Kat. 1970 Clemens Brentano. Ausstellung Freies Deutsches Hochstift / Frankfurter Goethe-Museum, 22. Juni – 20. September 1970. Katalogbearb.: Jürgen Behrens, Henning Boetius, Konrad Feilchenfeldt, Detlev Lüders, Jürg Mathes. Bad Homburg 1970.

Ausst.-Kat. 1978 Clemens Brentano. 1778–1842. Ausstellung Freies Deutsches Hochstift / Frankfurter Goethe-Museum, 5. September – 31. Dezember 1978. Katalog hrsg. von Detlev Lüders. Katalogtexte: Jürgen Behrens, Werner Bellmann, Wolfgang Frühwald, Renate Moering, Heinz Rölleke, Hartwig Schultz. Frankfurt a. M. 1978.

Brentano/Runge Clemens Brentano – Philipp Otto Runge. Briefwechsel. Hrsg. und komm. von Konrad Feilchenfeldt. Frankfurt a. M. 1974

Chronik Konrad Feilchenfeldt: Brentano Chronik. Daten zu Leben und Werk. München/Wien 1978.

FBA Clemens Brentano: Sämtliche Werke und Briefe. Frankfurter Brentano-Ausgabe. Historisch-kritische Ausgabe, veranstaltet vom Freien Deutschen Hochstift. Hrsg. von Jürgen Behrens, Wolfgang Frühwald, Detlev Lüders. Stuttgart [u. a.] 1975 ff.; seit 1985 hrsg. von Jürgen Behrens, Konrad Feilchenfeldt, Wolfgang Frühwald, Christoph Perels und Hartwig Schultz.

Feilchenfeldt/Frühwald Konrad Feilchenfeldt / Wolfgang Frühwald: Clemens Brentano. Briefe und Gedichte an Emilie Linder. Ungedruckte Handschriften aus dem Nachlaß von Johannes Baptista Diel SJ. In: Jahrbuch des Freien Deutschen Hochstifts. 1976. S. 216–315.

G — Clemens Brentano: Gedichte. Hrsg. von Hartwig Schultz. Stuttgart 1995.

Memoria — Clemens Brentano 1778–1842. Zum 150. Todestag. Hrsg. von Hartwig Schultz. Bern [u. a.] 1993. (Memoria.)

Schaub — Clemens Brentano: Sämtliche Erzählungen. Mit einem Nachw., einer Zeittaf. zu Brentano, Anm. und bibl. Hinweisen von Gerhard Schaub. München 1984.

Schultz — Achim von Arnim und Clemens Brentano. Freundschaftsbriefe. Vollst. krit. Ed. von Hartwig Schultz. 2 Bde. Frankfurt a. M. 1998.

Steinle — Clemens Brentano und Edward von Steinle. Dichtungen und Bilder. Hrsg. von Alexander von Bernus und Alfons M. von Steinle. Kempten/München 1910.

SW — Clemens Brentano: Sämtliche Werke. Hrsg. von Carl Schüddekopf. München/Leipzig 1909 ff.

UL — Das unsterbliche Leben. Unbekannte Briefe von Clemens Brentano. Hrsg. von Wilhelm Schellberg und Friedrich Fuchs. Jena 1939.

W — Clemens Brentano: Werke. Hrsg. von Wolfgang Frühwald, Bernhard Gajek, Friedhelm Kemp (Bd. 1); F. Kemp (Bde. 2–4). München 1963–68. ^{2}1978.

Bibliographie

Die Bibliographie bietet eine Auswahl vorzugsweise neuerer Brentano-Literatur. Weitere Literaturangaben in: Clemens Brentano, *Werke*, 2., durchges. und im Anh. erw. Ausg., hrsg. von Wolfgang Frühwald, Bernhard Gajek und Friedhelm Kemp, München 1978, Bd. 1, S. 1249–89 (Literatur bis 1978), sowie im *Memoria*-Band: *Clemens Brentano. 1778–1842,* hrsg. von Hartwig Schultz, Bern [u. a.] 1993, S. 267–341 (Literatur ab 1978).

Im Text wird auf die nachfolgend verzeichneten Titel der Bibliographie (B) jeweils in Klammern mit dem Verfassernamen, der Nummer des bibliographischen Abschnitts, dem Publikationsjahr und der Seitenzahl verwiesen (z. B.: Roethe, B 9: 1991, 4).

1. Ausgaben

a) *Historisch-kritische Ausgabe*

Clemens Brentano: Sämtliche Werke und Briefe. Frankfurter Brentano-Ausgabe. Historisch-kritische Ausgabe, veranstaltet vom Freien Deutschen Hochstift. Hrsg. von Jürgen Behrens, Wolfgang Frühwald, Detlev Lüders. Stuttgart [u. a.]: Kohlhammer, 1975 ff.; seit 1985 hrsg. von Jürgen Behrens, Konrad Feilchenfeldt, Wolfgang Frühwald, Christoph Perels und Hartwig Schultz. [Zit. als: FBA.] – Bisher erschienene Bände:

3,1: Gedichte 1816–1817. [Mit LA u. Erl.] Hrsg. von Michael Grus und Kristina Hasenpflug. 1999.

6–8: Des Knaben Wunderhorn. [Text.] Hrsg. von Heinz Rölleke. 1975–77.

9,1–3: Des Knaben Wunderhorn. [LA u. Erl.] Hrsg. von Heinz Rölleke. 1975–78.

10: Romanzen vom Rosenkranz. Hrsg. von Clemens Rauschenberg. 1994.

12: Dramen I. Prosa zu den Dramen. Hrsg. von Hartwig Schultz. 1982.
14: Dramen III. Die Gründung Prags. Prosa zur Gründung Prags. Hrsg. von Georg Mayer und Walter Schmitz. 1980.
16,1: Prosa I. Godwi oder Das steinerne Bild der Mutter. Ein verwilderter Roman von Maria. [Mit LA u. Erl.] Hrsg. von Werner Bellmann. 1978.
17: Prosa II. Die Mährchen vom Rhein. [Mit LA u. Erl.] Hrsg. von Brigitte Schillbach. 1983.
19: Prosa IV. Erzählungen. [Mit LA u. Erl.] Hrsg. von Gerhard Kluge. 1987.
22,1: Religiöse Werke I,1. Die Barmherzigen Schwestern. Kleine religiöse Prosa. [Text.] Hrsg. von Renate Moering. 1985.
22,2: Religiöse Werke I,2. Die Barmherzigen Schwestern. Kleine religiöse Prosa. [LA u. Erl.] Hrsg. von Renate Moering. 1990.
24,1–2: Religiöse Werke III,1–2. Lehrjahre Jesu. Hrsg. von Jürg Mathes. 1983–85.
26: Religiöse Werke V. Das bittere Leiden unsers Herrn Jesu Christi. [Text.] Hrsg. von Bernhard Gajek. 1980.
27,2: Religiöse Werke V,2. Das bittere Leiden unsers Herrn Jesu Christi. [LA u. Erl.] Hrsg. von Bernhard Gajek und Irmengard Schmidbauer. 1995.
28,1: Anna Katharina Emmerick-Biographie. Materialien zu nicht ausgeführten religiösen Werken. [Text.] Hrsg. von Jürg Mathes. 1981.
28,2: Anna Katharina Emmerick-Biographie. Materialien zu nicht ausgeführten religiösen Werken. [LA u. Erl.] Hrsg. von Jürg Mathes. 1982.
29: Briefe I. 1792–1802. Nach Vorarbeiten von Jürgen Behrens und Walter Schmitz hrsg. von Lieselotte Kinskofer. 1988.
30: Briefe II. »Clemens Brentano's Frühlingskranz«. Hrsg. von Lieselotte Kinskofer. 1990.
31: Briefe III. 1803–1807. Hrsg. von Lieselotte Kinskofer. 1991.
32: Briefe IV. 1808–1812. Hrsg. von Sabine Oehring. 1996.

b) *Studienausgaben*

Werke. Hrsg. von Wolfgang Frühwald, Bernhard Gajek, Friedhelm Kemp (Bd. 1); Friedhelm Kemp (Bde. 2–4). München: Hanser 1963–68. ²1978. [Zit. als: W.]

Werke. Hrsg. von Wolfgang Frühwald und Friedhelm Kemp. 2 Bde. München: Hanser, 1972.

c) *Auswahlausgaben*

Gedichte, Erzählungen, Briefe. Hrsg. von Hans-Magnus Enzensberger. Frankfurt a. M.: Insel, 1981.
Gedichte, Erzählungen, Märchen. Eingel. und hrsg. von Hans-Georg Werner. Bd. 1: Gedichte und Erzählungen. Bd. 2: Märchen. Berlin: Union, 1978. [2]1984.
Märchen und Erzählungen. Mit Lithographien von Caspar Braun. Nachw. von Horst Heidtmann. München: Hilliard, 1986.

Lyrik

Gedichte. Nach kürzlich entdeckten Handschriften und Plänen des Dichters hrsg. von Hartwig Schultz. Aschaffenburg: Pattloch, 1979.
Gedichte. Hrsg. von Hans Magnus Enzensberger. Frankfurt a. M.: Insel, 1981.
Gedichte. Hrsg. von Hartwig Schultz. Stuttgart: Reclam, 1995. [Zit. als: G.]
Des Knaben Wunderhorn. Mit einem Nachw. vers. von Willi A. Koch. Vollst. Ausg. nach dem Text der Erstausg. 1806/1808. München: Winkler, 1980 [u. ö.].
Des Knaben Wunderhorn. Essen/Stuttgart/Wien: Phaidon-Verlag, 1986.
Des Knaben Wunderhorn. Alte deutsche Lieder gesammelt von Achim von Arnim und Clemens Brentano. Krit. Ausg. Hrsg. und komm. von Heinz Rölleke. 3 Bde. Stuttgart: Reclam, 1987. [Text nach: FBA.]

Der Roman *Godwi*, Erzählungen, Prosabearbeitungen, Satiren

Godwi oder Das steinerne Bild der Mutter. Ein verwilderter Roman. Hrsg. von Ernst Behler. Stuttgart: Reclam, 1995.
Die Chronika des fahrenden Schülers (Urfassung). Mit einem Nachw. von Elisabeth Stopp. Stuttgart: Reclam, 1971 [u. ö.].
Der Goldfaden: eine schöne alte Geschichte. Mit den Vignetten der

Originalausgabe 1809 von L. E. Grimm. Hrsg. von Karl-Heinz Habersetzer. Heidelberg: Schneider, 1986.
Der Philister vor, in und nach der Geschichte. Mit einer Handzeichnung des Autors. Zürich: Manesse, 1988.
Die mehreren Wehmüller und ungarischen Nationalgesichter. In: Meistererzählungen der deutschen Romantik. Hrsg. und komm. von Albert Meier. München: Deutscher Taschenbuch Verlag, 1985.
Erzählungen und Märchen. Mit Illustrationen von Eduard von Steinle. Ottobrunn b. München: Franklin-Bibliothek, 1985.
Geschichte vom braven Kasperl und dem schönen Annerl. Text, Materialien, Kommentar. Hrsg. von Gerhard Kluge. München/Wien: Hanser, 1979.
Geschichte vom braven Kasperl und dem schönen Annerl. Hrsg. von Gerhard Schaub. Stuttgart: Reclam, 1990 [u. ö.].
Sämtliche Erzählungen. Mit einem Nachw., einer Zeittaf. zu Brentano, Anm. und bibl. Hinweisen von Gerhard Schaub. München: Goldmann, 1984. [Zit. als: Schaub.]
Uhrmacher, Bärnhäuter und musikalische Reisen. Satiren der Heidelberger Romantik. Clemens Brentano, Joseph Görres. Hrsg. von Michael Glasmeier und Thomas Isermann. Berlin: Sirene, 1988.

Märchen

Das Märchen vom Gockel, Hinkel und Gackeleia in seiner ursprünglichen Gestalt. Nachw. von Helmut Bachmeier. Stuttgart: Reclam, 1986.
Gockel, Hinkel und Gackeleia. Märchen. Illustr. im Text von Hans Fischer. Zürich/München: Artemis, 1986.
Der Dilldapp und andere Märchen. Stuttgart: Reclam, 1969 [u. ö.].
Rheinmärchen. In der von Guido Görres herausgegebenen Ausgabe von 1846. Mit Illustrationen von Edward von Steinle. Frankfurt a. M.: Insel, 1985.

Briefe

Das unsterbliche Leben. Unbekannte Briefe von Clemens Brentano. Hrsg. von Wilhelm Schellberg und Friedrich Fuchs. Jena: Diederichs, 1939. [Zit. als: UL.]
Clemens Brentanos Frühlingskranz. Aus Jugendbriefen ihm ge-

flochten, wie er selbst schriftlich verlangte. Mit einem Nachw. von Hartwig Schultz. Frankfurt a. M.: Insel, 1985.
Lebe der Liebe und liebe das Leben. Der Briefwechsel von Clemens Brentano und Sophie Mereau. Hrsg. von Dagmar von Gersdorff. Frankfurt a. M.: Insel, 1981.
Achim von Arnim und Clemens Brentano: Freundschaftsbriefe. Vollst. krit. Ed. von Hartwig Schultz. 2 Bde. Frankfurt a. M.: Eichborn, 1998. [Zit. als: Schultz.]
Clemens Brentano – Philipp Otto Runge. Briefwechsel. Hrsg. und komm. von Konrad Feilchenfeldt. Frankfurt a. M.: Insel, 1974. [Zit. als: Brentano/Runge.]
Clemens Brentano: Briefe an Emilie Linder. Mit zwei Briefen an Apollonia Diepenbrock und Marianne von Willemer. Hrsg. und komm. von Wolfgang Frühwald. Bad Homburg [u. a.]: Gehlen, 1969.

Brentanos Bibliothek

Clemens und Christian Brentanos Bibliotheken. Die Versteigerungskataloge von 1819 und 1853. Mit einem unveröffentlichten Brief Clemens Brentanos. Hrsg. von Bernhard Gajek. Heidelberg: Winter, 1974.

2. Biographisches und allgemeine Literatur zum Werk Brentanos

Die Aschaffenburger Brentanos. Beiträge zur Geschichte der Familie aus unbekanntem Nachlaß-Material hrsg. von Brigitte Schad. Aschaffenburg 1984.
Böckmann, Paul: Die romantische Poesie Brentanos und ihre Grundlagen bei Friedrich Schlegel und Tieck. Ein Beitrag zur Entwicklung der Formensprache der deutschen Romantik. In: Jahrbuch des Freien Deutschen Hochstifts. 1934/35. S. 56–176.
Bohrer, Karl-Heinz: Der romantische Brief. Die Entstehung ästhetischer Subjektivität. München/Wien 1987.
Die Brentano. Eine europäische Familie. Hrsg. von Konrad Feilchenfeldt und Luciano Zagari. Tübingen 1992.

Clemens Brentano. Ausstellung Freies Deutsches Hochstift / Frankfurter Goethe-Museum, 22. Juni – 20. September 1970. Katalogbearbeitung: Jürgen Behrens, Henning Boetius, Konrad Feilchenfeldt, Detlev Lüders, Jürg Mathes. Bad Homburg 1970. [Zit. als: Ausst.-Kat. 1970.]

Clemens Brentano. 1778–1842. Ausstellung Freies Deutsches Hochstift / Frankfurter Goethe-Museum, 5. September – 31. Dezember 1978. Katalog hrsg. von Detlev Lüders. Katalogtexte: Jürgen Behrens, Werner Bellmann, Wolfgang Frühwald, Renate Moering, Heinz Rölleke, Hartwig Schultz. Frankfurt a. M. 1978. [Zit. als: Ausst.-Kat. 1978.]

Clemens Brentano. Beiträge des Kolloquiums im Freien Deutschen Hochstift 1978. Hrsg. von Detlev Lüders. Tübingen 1980. [Zit. als: Clemens Brentano. 1980.]

Clemens Brentano 1778–1842. Zum 150. Todestag. Hrsg. von Hartwig Schultz. Bern [u. a.] 1993. (Memoria.) [Zit. als: Memoria.]

Clemens Brentanos Landschaften. Beiträge des ersten Koblenzer Brentano-Kolloquiums. Hrsg. von Hartwig Schultz. Koblenz 1986.

Enzensberger, Hans Magnus: Brentanos Poetik. München 1961. ^{2}1964.

– Requiem für eine romantische Frau. Die Geschichte von Auguste Bußmann und Clemens Brentano. Nach gedruckten und ungedruckten Quellen überliefert von H. M. E. Berlin 1988. ^{2}1996.

Feilchenfeldt, Konrad: Brentano Chronik. Daten zu Leben und Werk. München/Wien 1978. [Zit. als: Chronik.]

Feilchenfeldt, Konrad / Frühwald, Wolfgang: Clemens Brentano: Briefe und Gedichte an Emilie Linder. Ungedruckte Handschriften aus dem Nachlaß von Johannes Baptista Diel SJ. In: Jahrbuch des Freien Deutschen Hochstifts. 1976. S. 216–315. [Zit. als: Feilchenfeldt/Frühwald.]

Fetzer, John F.: Clemens Brentano. Boston 1981.

Frühwald, Wolfgang: Das Spätwerk Clemens Brentanos (1815–1842). Romantik im Zeitalter der Metternich'schen Restauration. Tübingen 1977.

– Clemens Brentano. In: Deutsche Dichter der Romantik: ihr Leben und Werk. Hrsg. von Benno von Wiese. 2., überarb. und verm. Aufl. Berlin 1983. S. 344–376.

Gajek, Bernhard: Homo poeta. Zur Kontinuität der Problematik bei Clemens Brentano. Frankfurt a. M. 1971.

Grus, Michael: »Natur: Gottes Bild u. dgl. m.«. Brentanos Auseinandersetzung mit Schinkel und dem Berliner Theater. In: Memoria. S. 157–186.
Härtl, Heinz: Clemens Brentanos Verhältnis zum Judentum. In: Memoria. S. 187–210.
Isselstein, Ursula: Rahel und Brentano. Analyse einer mißglückten Freundschaft, unter Benutzung dreier unveröffentlichter Briefe Brentanos. In: Jahrbuch des Freien Deutschen Hochstifts. 1985. S. 151–201.
Janz, Marlies: Marmorbilder. Weiblichkeit und Tod bei Clemens Brentano und Hugo von Hofmannsthal. Königstein (Ts.) 1986.
Kastinger Riley, Helene M.: Clemens Brentano. Stuttgart 1985. (Sammlung Metzler. 213.)
Knauer, Bettina: Allegorische Texturen. Studien zum Prosawerk Clemens Brentanos. Tübingen 1995.
Lermann, Gisela: Clemens Brentanos Selbstverständnis als Briefschreiber. Frankfurt a. M. [u. a.] 1988.
Lorenczuk, Andreas: Die Bilder der Wahrheit und die Wahrheit der Bilder. Zum *Großen Gockelmärchen* (1838) und den Emmerick-Schriften von Clemens Brentano. Sigmaringen 1994.
Schaub, Gerhard: Le génie enfant. Die Kategorie des Kindlichen bei Clemens Brentano. Berlin 1973.
Schmidt, Hans-Walter: Erlösung der Schrift. Zum Buchmotiv im Werk Clemens Brentanos. Wien 1991.
– Clemens Brentanos Medien der Liebe. In: Memoria. S. 133–155.
Schoeps, Hans-Joachim: Clemens Brentano. Nach Ludwig von Gerlachs Tagebüchern und Briefwechsel. In: H. S.: Ein weites Feld. Gesammelte Aufsätze. Berlin 1980. S. 201–224. – Zuerst kürzer in: Jahrbuch des Freien Deutschen Hochstifts. 1970.
Schultz, Hartwig: Vorarbeiten Clemens Brentanos zu einer Sammelausgabe seiner Werke. In: Jahrbuch des Freien Deutschen Hochstifts. 1976. S. 316–351.
– Der unbekannte Brentano. Vortrag auf der 29. Jahrestagung der Fränkischen Bibliophilengesellschaft am 8. 10. 1977 in Aschaffenburg. Frankfurt a. M. 1978.
– »Zum Kaufmann taugst du nichts ...«. Die Frankfurter Brentano-Familie und ihre Auseinandersetzungen mit Clemens. In: »Frankfurt aber ist der Nabel dieser Erde«. Das Schicksal einer Generation der Goethezeit. Hrsg. von Christoph Jamme und Otto Pöggeler. Stuttgart 1983. S. 243–257.

Schultz, Hartwig: Clemens Brentano. In: Deutsche Dichter. Leben und Werk deutschsprachiger Autoren. Hrsg. von Gunter E. Grimm und Frank Rainer Max. Bd. 5: Romantik, Biedermeier, Vormärz. Stuttgart 1989 [u. ö.]. S. 180–198.
– Der Umgang der Brentano-Geschwister (Clemens und Bettine) mit der frühromantischen Philosophie. In: Früher Idealismus und Romantik. Hrsg. von Walter Jaeschke und Helmut Holzhey. Hamburg 1990. S. 241–260.
– Von Jena nach Heidelberg. Die Entfaltung von Brentanos Poetik. In: Memoria. S. 11–30.
Schwinn, Holger: Kommunikationsmedium Freundschaft. Der Briefwechsel zwischen Ludwig Achim von Arnim und Clemens Brentano in den Jahren 1801 bis 1816. Frankfurt a. M. [u. a.] 1997.
Seidlin, Oskar: Von erwachendem Bewußtsein und vom Sündenfall. Brentano – Schiller, Kleist, Goethe. Stuttgart 1979.
Simon, Ralf: Überlegungen zur Poetik der späten Lyrik Brentanos. In: Memoria. S. 63–107.
Tunner, Erika: Clemens Brentano. Imagination et sentiment réligieux. 2 Bde. Paris/Lille 1977.
Zwetz, Ulrich: Das Geheimnis der Schrift. Zum Symptom der Bisexualität bei Clemens Brentano. Lage 1998.

3. Lyrik (mit *Des Knaben Wunderhorn*) und *Romanzen vom Rosenkranz*

Alewyn, Richard: Clemens Brentano – Der Spinnerin Nachtlied. In: Wirkendes Wort (1961) S. 45–47. – Überarb. in: Interpretationen I. Frankfurt a. M. 1965. S. 155–158.
Bellmann, Werner: Brentanos Lore Lay-Ballade und der antike Echo-Mythos. In: Clemens Brentano. 1980. S. 1–9.
Brandstetter, Gabriele: Hieroglyphik der Liebe. Überlegungen zu Brentanos *Fortsetzung von Hölderlins Nacht*. In: Jahrbuch des Freien Deutschen Hochstifts. 1983. S. 213–266.
– Erotik und Religiosität. Eine Studie zur Lyrik Clemens Brentanos. München 1986.
Enzensberger, Hans Magnus: Clemens Brentano. Verzweiflung an

der Liebe in der Liebe. In: Mein Gedicht. Hrsg. von Dieter E. Zimmer. Wiesbaden 1961. S. 32.

Frühwald, Wolfgang: Die artistische Konstruktion des Volkstones. Zu Clemens Brentanos *Der Spinnerin Lied*. In: Gedichte und Interpretationen. Bd. 3: Klassik und Romantik. Hrsg. von Wulf Segebrecht. Stuttgart 1984 [u. ö.]. S. 269–279.

– Der Bergmann in der Seele Schacht. Zu Clemens Brentanos Gedicht *Frühlingsschrei eines Knechtes aus der Tiefe*. In: Ebd. S. 437–455.

Grus, Michael: Clemens Brentanos Gedichte *An Görres* und *An Schinkel*. Historisch-kritische Edition der bislang ungedruckten Entwürfe mit Erläuterungen. Frankfurt a. M. 1993.

Guignard, René: Chronologie des poésies de Clemens Brentano. Avec un choix de variantes. Paris 1933.

Hasenpflug, Kristina: Brentanos Lyrik an Luise Hensel. Frankfurt a. M. [u. a.] 1998.

Henel, Heinrich: Clemens Brentanos erstarrte Musik. In: Clemens Brentano. 1980. S. 74–101.

– Erfüllte Form. Brentanos Umgestaltung der europäischen Kunstpoesie. In: Goethezeit. Ausgewählte Aufsätze von H. H. Frankfurt a. M. 1980. S. 295–323. – Zuerst in: Jahrbuch der Deutschen Schillergesellschaft 22 (1978).

Kaiser, Gerhard: Der poetische Traum. Clemens Brentano: »Wenn der lahme Weber träumt«. In: G. K.: Augenblicke deutscher Lyrik, Gedichte von Martin Luther bis Paul Celan. Frankfurt a. M. 1987. S. 253–268.

Krabiel, Klaus-Dieter: Die beiden Fassungen von Brentanos *Lureley*. In: Literaturwissenschaftliches Jahrbuch. N. F. 6. 1965. S. 122 bis 132.

Mathes, Jürg: Brentanos *Antonius zur Predig*: das Wachstum eines Gedichts. In: Euphorion 72 (1978) S. 518–525.

Müller-Seidel, Walter: Brentanos späte Lyrik – Kontinuität und Stilwandel. In: Clemens Brentano. 1980. S. 239–275.

– Brentanos naive und sentimentalische Poesie. In: W. M.-S.: Die Geschichtlichkeit der deutschen Klassik. Literatur und Denkformen um 1800. Stuttgart 1983. S. 231–247.

Pfeiffer, Johannes: Lautsymbolik. *Der Spinnerin Lied* von Clemens Brentano. In: Wege zur Dichtung. Hamburg 1963.

Preitz, Max: Clemens Brentanos Freudenhausromanze. Frankfurt a. M. 1922. – Neudr. Bern 1969.

Rieser, Ferdinand: *Des Knaben Wunderhorn* und seine Quellen. Ein Beitrag zur Geschichte des deutschen Volksliedes und der Romantik. (Nachdr. der Ausg. Dortmund 1908.) Hildesheim / Zürich / New York 1983.

Rölleke, Heinz: Anmerkungen zu *Des Knaben Wunderhorn*. In: Clemens Brentano. 1980. S. 276–294.

Schöne, Albrecht: Clemens Brentano: *Abendständchen*. In: Die deutsche Lyrik. Bd. 2: Von der Spätromantik bis zur Gegenwart. Hrsg. von Benno von Wiese. Düsseldorf 1956. S. 11–18.

Schultz, Hartwig: Brentanos *Wiegenlied eines jammernden Herzen*. Zum Verständnis des Titels. In: Jahrbuch des Freien Deutschen Hochstifts. 1977. S. 350–363.

– Die Varianten der historisch-kritischen Wunderhorn-Edition und der Kunstvolksliedton. In: Edition und Interpretation, Akten des deutsch-französischen Editorenkolloquiums. Berlin 1979. Hrsg. von Louis Hay und Winfried Woesler. Jahrbuch für Internationale Germanistik 1981. Reihe A. S. 271–279.

Schultz, Hartwig: »Rosengarten überm Rhein«. Zwei unbekannte Gedichte Clemens Brentanos. In: Jahrbuch des Freien Deutschen Hochstifts. 1995. S. 22–34.

Seidlin, Oskar: Das Jägerlied. In: Euphorion 70 (1976) S. 117–128.

Staiger, Emil: Der musikalische Sinn der Dichtung. Zum Kunstverständnis unserer Zeit. 4., um einen zweiten Teil erw. Aufl. [Zum Rhythmus von Brentanos Versen.] In: E. S.: Musik und Dichtung. Zürich / Freiburg i. Br. 1980. S. 315–341.

– Die Zeit als Einbildungskraft des Dichters: Untersuchungen zu Gedichten von Brentano, Goethe und Keller. Zürich/München 1982. S. 23–106.

Stopp, Elisabeth: Brentanos »O Stern und Blume«: Its Poetic and Emblematic Context. In: The Modern Language Review 67 (1972) S. 95–117.

Tunner, Erika: Die geheime heilige Geschichte des Herzens. Zu Clemens Brentanos Gedicht *Was reif in diesen Zeilen steht*. In: Gedichte und Interpretationen. Bd. 3: Klassik und Romantik. Hrsg. von Wulf Segebrecht. Stuttgart 1984 [u. ö.]. S. 421–433.

4. *Der Roman Godwi*

Anton, Bernd: Romantisches Parodieren. Eine spezielle Erzählform der deutschen Romantik. Bonn 1979. S. 118–162.

Eilert, Heide Christina: Clemens Brentano, *Godwi*. In: Romane und Erzählungen der deutschen Romantik. Neue Interpretationen. Hrsg. von Paul Michael Lützeler. Stuttgart 1981. S. 125–140.

Grob, Elisabeth: Die verwilderte Rede in Brentanos *Godwi* und L. Sternes *Tristram Shandy*. Frankfurt a. M. / Bern 1980.

Hayer, Horst Dieter: Brentanos *Godwi*. Ein Beispiel des frühromantischen Subjektivismus. Frankfurt a. M. / Bern 1977.

Matthias, Ursula: Kontextprobleme der Lyrik Clemens Brentanos. Eine Studie über die Verseinlagen im *Godwi*. Frankfurt a. M. / Bern 1982.

Meixner, Horst: Denkstein und Bildersaal in Clemens Brentanos Godwi. Ein Beitrag zur romantischen Allegorie. In: Jahrbuch der Deutschen Schillergesellschaft 12 (1967) S. 435–468.

Regener, Ursula: Arabesker *Godwi*. Immanente Kunsttheorie und Gestaltreflexion in Brentanos Roman. In: Modern Language Notes 103 (1988) S. 588–607.

Reifenberg, Bernd: Die »schöne Ordnung« in Clemens Brentanos *Godwi* und *Ponce de Leon*. Göttingen 1990.

Schmidt, Thomas E.: Die Geschichtlichkeit des frühromantischen Romans. Literarische Reaktionen auf Erfahrungen eines kulturellen Wandels. Tübingen 1989.

5. Erzählungen

Alewyn, Richard: Brentanos *Geschichte vom braven Kasperl und dem schönen Annerl*. In: R. A.: Probleme und Gestalten. Frankfurt a. M. 1982. S. 133–197.

Frühwald, Wolfgang: Die Ehre der Geringen. Ein Versuch zur Sozialgeschichte literarischer Texte im 19. Jahrhundert. [Darin bes. zu Brentanos *Kasperl und Annerl*.] In: Geschichte und Gesellschaft 9 (1983) S. 69–86.

Gockel, Heinz: Gestörte Ordnung. Überlegungen zu Brentanos

Geschichte vom braven Kasperl und dem schönen Annerl. In: Jahrbuch des Freien Deutschen Hochstifts. 1984. S. 253–261.
Hosch, Reinhard: Immanente Reflexion und Binnen-Rahmen-Struktur. Zum formalen und stofflichen Zusammenhang von Clemens Brentanos Erzählungen. Heidelberg 1988.
Kluge, Gerhard: Clemens Brentano, Geschichte vom braven Kasperl und dem schönen Annerl. Text, Materialien, Kommentar. München/Wien 1979.
– Clemens Brentanos Erzählungen aus den Jahren 1810–1818. Beobachtungen zu ihrer Struktur und Thematik. In: Clemens Brentano. 1980. S. 102–134.
– Clemens Brentano: Geschichte vom braven Kasperl und dem schönen Annerl. In: Erzählungen und Novellen des 19. Jahrhunderts. Interpretationen. Stuttgart 1988. Bd. 1. S. 309–337.
Nicolai, Ralf R.: Brentanos *Kasperl-* und *Annerl-*Geschichte. Positionen der Forschung und Möglichkeiten der Deutung. In: Literatur in Wissenschaft und Unterricht 20 (1987) S. 460–477.
Schaub, Gerhard: *Die Schachtel mit der Friedenspuppe.* Clemens Brentanos Restaurationserzählung. In: Clemens Brentanos Landschaften. Beiträge des ersten Koblenzer Brentano-Kolloquiums. Hrsg. von Hartwig Schultz. Koblenz 1986. S. 83–122.
– Clemens Brentano, *Geschichte vom braven Kasperl und dem schönen Annerl.* Erläuterungen und Dokumente. Stuttgart 1990.
Zierden, Josef: Das Zeitproblem im Erzählwerk Clemens Brentanos. Frankfurt a. M. [u. a.] 1985.

6. Märchen

Apel, Friedmar: Die Zaubergärten der Phantasie. Zur Theorie und Geschichte des Kunstmärchens. Heidelberg 1978.
Frühwald, Wolfgang: Das verlorene Paradies. Zur Deutung von Clemens Brentanos *Herzlicher Zueignung* des Märchens *Gockel, Hinkel und Gackeleia* (1838). In: Literaturwissenschaftliches Jahrbuch. N. F. 3 (1962) S. 113–192.
Klotz, Volker: Clemens Brentano. In: V. K.: Das europäische Kunstmärchen. Stuttgart 1985. S. 181–195.
Martin, Graham: Brentanos »Ländchen Vadutz« – kein reiner Phan-

tasieort? Thomas Lirers Schwäbische Chronik als Quelle der Blätter aus dem Tagebuch der Ahnfrau. In: Euphorion 84 (1990) S. 408–417.
Mathes, Jürg: Pumpelirio Holzebock in Brentanos *Märchen von Fanferlieschen Schönefüßchen*. In: Zeitschrift für deutsche Philologie 97 (1978) S. 161–176.
Richter, Dieter: Brentano als Leser Basiles und die italienische Übersetzung des *Cunto de li cunti*. In: Jahrbuch des Freien Deutschen Hochstifts. 1986. S. 234–241.
Rölleke, Heinz: Brentanos *Märchen von dem Schulmeister Klopfstock* als literarhistorische Allegorie. In: Jahrbuch des Freien Deutschen Hochstifts. 1977. S. 292–308.
– Neun Volksmärchenskizzen Clemens Brentanos. In: Fabula 18 (1977) S. 105–116. [Zit. als: Rölleke, 1977a.]
Seidlin, Oskar: Wirklich nur eine schöne Kunstfigur? [Über *Gockel, Hinkel und Gackeleia*.] In: Texte und Kontexte. Bern/München 1973.
Simon, Ralf: Autorenmaske, Schriftcharakter und Textstruktur in Brentanos Spätfassung des *Gockel*-Märchens. In: Zeitschrift für deutsche Philologie 111 (1992) S. 201–231.
Spinnler, Rolf: Clemens Brentano oder die Schwierigkeit, naiv zu sein. Das Märchen vom Fanferlieschen Schönefüßchen. Frankfurt a. M. 1990.

7. Satiren und kleine Schriften

Begemann, Christian: Brentano und Kleist vor Friedrichs *Mönch am Meer*. Aspekte eines Umbruchs in der Geschichte der Wahrnehmung. In: Deutsche Vierteljahrsschrift für Literaturwissenschaft und Geistesgeschichte 64 (1990) S. 54–95.
Fetzer, John F.: »Auf Flügeln des Gesanges«. Die musikalische Odyssee von Berglinger, BOGS und Kreisler als romantische Variation der literarischen Reise-Fiktion. In: Literatur und Musik. Ein Handbuch zur Theorie und Praxis eines komparatistischen Grenzgebietes. Hrsg. von Steven Paul Scher. Berlin 1984. S. 258 bis 277.
Maisak, Petra / Schultz, Hartwig: Verschiedene Empfindungen bei

einem Berliner Ausstellungsbesuch. Ungedruckte Texte aus dem Nachlaß Clemens Brentanos. In: Jahrbuch des Freien Deutschen Hochstifts. 1991. S. 109–130.

Rölleke, Heinz: Scherzhafte Bildbeschreibungen Clemens Brentanos und Achim von Arnims. Zwei Autographen im Nachlaß der Brüder Grimm. In: Zeitschrift für deutsche Philologie 93 (1974) S. 579–586.

8. Religiöse Schriften

Frühwald, Wolfgang: Die Emmerick-Schriften Clemens Brentanos. Ein Versuch zur Bestimmung von Anlaß und literarischer Intention. In: Emmerick und Brentano. Dokumentation eines Symposions der Bischöfl. Kommission »Anna Katharina Emmerick«. Münster 1982. Hrsg. von Clemens Engling [u. a.]. Dülmen 1983. S. 13–33.

Gajek, Bernhard: Der romantische Dichter und das Christentum. In: Memoria. S. 109–131.

Larcher, Hubert: Die Emmerick-Brentano-Beziehung aus der Sicht eines Parapsychologen. In: Emmerick und Brentano. Dokumentation eines Symposions der Bischöfl. Kommission »Anna Katharina Emmerick«. Münster 1982. Hrsg. von Clemens Engling [u. a.]. Dülmen 1983. S. 135–142.

Moering, Renate: Die Karitas in Koblenz und Clemens Brentanos Ordensgeschichte *Die Barmherzigen Schwestern*. Koblenz 1982.

– Eine unbekannte Handschrift Clemens Brentanos zu den Aufzeichnungen nach der Paris-Reise. In: Jahrbuch des Freien Deutschen Hochstifts. 1995. S. 35–56.

9. Dramen

Bellmann, Werner: Zur Wirkungsgeschichte von Brentanos *Lustigen Musikanten*. In: Jahrbuch des Freien Deutschen Hochstifts. 1981. S. 338–342.

Bellmann, Werner: »Bedlam« und »Kasperle« auf dem literarischen Schützenplatz in Jena. Anmerkungen zu Brentanos satirischem Frühwerk. In: Aurora 42 (1982) S. 166–177.

Catholy, Eckehard: Clemens Brentano *Ponce de Leon*. In: E. C.: Das deutsche Lustspiel von der Aufklärung bis zur Romantik. Stuttgart 1982. S. 241–268.

Grus, Michael: »Die Weltgeschicke gehören nicht auf des Dichters Lippe«. Clemens Brentanos Probleme mit der Wiener Theater-Zensur. In: Jahrbuch des Freien Deutschen Hochstifts. 1995. S. 118–137.

Kluge, Gerhard: Clemens Brentano: *Ponce de Leon*. In: Europäische Komödie. Hrsg. von Herbert Mainusch. Darmstadt 1990. S. 355–378.

Roethe, Gustav: Brentanos *Ponce de Leon*. Eine Säcularstudie. Berlin 1901.

Schultz, Hartwig: Brentanos *Gustav Wasa* und seine versteckte Schöpfungsgeschichte der romantischen Poesie. In: Clemens Brentano. 1980. S. 295–330.

Seidlin, Oskar: Prag: deutsch-romantisch und habsburgsch-wienerisch. [Zu *Die Gründung Prags*.] In: O. S.: Vom erwachenden Bewußtsein und vom Sündenfall. Brentano – Schiller, Kleist, Goethe. Stuttgart 1979. S. 93–119.

10. Zusammenarbeit mit bildenden Künstlern

Gajek, Bernhard: Brentanos Verhältnis zur Bildenden Kunst. In: Bildende Kunst und Literatur. Beiträge zum Problem ihrer Wechselbeziehungen im neunzehnten Jahrhundert. Hrsg. von Wolfdietrich Rasch. Frankfurt a. M. 1970. S. 35–56.

Holst, Christa / Sudhof, Siegfried: Die Lithographien zur ersten Ausgabe von Brentanos Märchen *Gockel, Hinkel, Gackeleja* (1838). In: Literaturwissenschaftliches Jahrbuch. N. F. 6 (1965) S. 140–154.

Schuster, Peter Klaus: Bildzitate bei Brentano. In: Clemens Brentano. 1980. S. 334–348.

Verzeichnis der Abbildungen

Namenregister

Zum Autor

Dr. Hartwig Schultz leitet seit 1974 die Brentano-Arbeitsstelle im Freien Deutschen Hochstift (Frankfurter Goethe-Museum). Seitdem sind 25 Bände der historisch-kritischen Brentano-Ausgabe erschienen sowie abgeleitete Ausgaben wie der Arnim-Brentano-Briefwechsel. Als apl. Professor lehrt der Autor an der Mainzer Universität und hat sich in der Romantik-Forschung mit dem Schwerpunkt Clemens und Bettine Brentano, Achim von Arnim und Joseph von Eichendorff einen Namen gemacht.